「阅中华·悦成长」

区域中华优秀传统文化的传承与发展

以闵行区中小学中华优秀传统文化教育实践为样本的研究

张美琴 著

上海社会科学院出版社
SHANGHAI ACADEMY OF SOCIAL SCIENCES PRESS

图书在版编目(CIP)数据

"阅中华·悦成长"区域中华优秀传统文化的传承与发展：以闵行区中小学中华优秀传统文化教育实践为样本的研究 / 张美琴著.— 上海：上海社会科学院出版社，2024
ISBN 978-7-5520-4348-8

Ⅰ.①阅… Ⅱ.①张… Ⅲ.①中华文化—教学研究—中小学 Ⅳ.①G633.302

中国国家版本馆 CIP 数据核字(2024)第 063654 号

"阅中华·悦成长"区域中华优秀传统文化的传承与发展

——以闵行区中小学中华优秀传统文化教育实践为样本的研究

著　　者：张美琴
责任编辑：霍　覃
装帧设计：应今隆
出版发行：上海社会科学院出版社
上海顺昌路 622 号　邮编 200025
电话总机 021-63315947　销售热线 021-53063735
https://cbs.sass.org.cn　E-mail:sassp@sassp.cn
印　　刷：上海安枫印务有限公司
开　　本：710 毫米×1010 毫米　1/16
印　　张：17
字　　数：210 千
版　　次：2024 年 4 月第 1 版　2024 年 4 月第 1 次印刷

ISBN 978-7-5520-4348-8/G·1308　定价：78.00 元

中小学中华优秀传统文化教育的区域模式探索

张美琴

为发挥中华优秀传统文化怡情养志、涵育文明的重要作用，让中华优秀传统文化在新的时代条件下不断发扬光大，上海市闵行区对中华优秀传统文化教育进行了长时间、全方位、多维度的探索与实践，以“六进”为抓手，通过推动重点课题研究、三类课程构建、“一校一品”培育等路径，不断提升区域中小学中华优秀传统文化教育的水平，推进中华优秀传统文化教育落细、落小、落实。

习近平总书记指出，一个民族、一个国家的核心价值观必须同这个民族、这个国家的历史文化相契合，中华优秀传统文化是中华民族的基因、血脉、精神命脉。为贯彻落实好这一指示，上海市闵行区教育局提出要通过推动中华优秀传统文化“进研究、进课程、进活动、进实践、进队伍建设、进评价”的“六进”要求，形成长效机制，深层次推进区域中小学传统文化教育，培育具有闵行特色的传统文化教育品牌项目，在潜移默化中以文化人，以文导行，涵养学生高尚品行，自觉延续文化基因，增强民族自尊心、自信心和自豪感。

一、进研究——加强工作顶层设计

2019年，区教育局成立课题组，以"'阅中华·悦成长'区域中华优秀传统文化传承发展的实践研究"这一课题助力推进中小学中华优秀传统教育。为更好地了解闵行区中小学开展中华传统文化教育的现状，精准定位发展优势，找到影响、阻碍活动开展的关键问题，课题组对该区中小学学生、校领导、德育干部以及学生家长进行非遗及传统文化教育实施现状的抽样调查，调研共获取了111964份有效样本数据。

调研发现，闵行区中小学生对传统文化有广泛而深刻的认知和积极浓厚的兴趣，在参与相关活动的过程中，对传统道德、传统习俗、传统技艺等都有较深刻的体验感受。其中比较突出的优势是闵行区学校领导、德育干部及家长群体对非遗及传统文化有较高程度的认识和了解，学校领导普遍能认真落实区教育局对传统文化教育的推广政策，比较支持在学校开展中华优秀传统文化及非遗教育相关课程及教育活动，愿意为中小学生营造一个良好的传统文化学习氛围。调研也发现，学校在开展传统文化教育工作的过程中普遍存在时间不够、频次较少、师资短缺、硬件配置不足等问题。其中比较突出的不足是，部分学校工作的动力不足，课程自主开发能力不足，创造性开展工作的机制没形成，教师开展传统文化教育的培训和评价尚有欠缺，较之于学生较高的参与热情，学校在保障条件上，还需要进一步在制度供给、经费投入和资源整合等措施上下力气，进而提高传统文化教育水平。课题组通过相关分析，得出调研结果，形成《闵行区传统文化教育现状白皮书》，从目标、原则、内容和保障四个方面进行中华优秀传统文化教育体系架构，编制《闵行区中小学中华优秀传统文化教育指导意见》，明确课题研究要求和时间节点，不断创新中华优秀传统文化教育的载体和实施途径，力争形成区本德育特色品牌。

二、进课程——构建优质课程图谱

区教育局提出中华优秀传统文化教育“N+X”项目建设指导建议，指导学校积极推进“三类课程”校本化探索和实施。“N”是指区域建议和列举的传统文化项目，作为基础项目进行普及化学习和实践；“X”是指学校根据办学特色和需求、学生兴趣等建设校本特色传统文化项目。

在实践中，各校根据校情历史、课程现状、师生特长等因素，将传统文化教育在“三类课程”中做了比较好的布局，推进了“民间手工类”“传统艺体类”“书画文学类”“综合课程类”等各类课程，这不仅扭转了学校之前“零打碎敲”“动力不足”“被动开展”传统文化教育的局面，还促进了校园文化建设的可持续性发展态势，更为提升区域传统文化传承发展教育整体水平打下了扎实的基础。

1. 基础型课程建设

区内已有65所（58.56%）学校将传统文化纳入各年级的基础型课程，其中小学35所，初中27所，高中（含中职校）3所。每所学校平均两门课程，集中在一到八年级，平均每周2.5课时。

各校开设的主要传统文化基础型课程内容有书法、剪纸、国学、陶艺、戏曲等，如虹桥中心小学的“水墨扇面”课程计入课表，一学期16课时；实验西校的布堆画列入学校三大课程的整体框架之中，六、七年级每班每周1节；文来实验学校将“皮影+”传统文化教育列入三类课程，全面实施，已有初中段15门、小学段10门基础型学科；田园外小100%的学生参与京剧基础型课程学习，音乐课上“唱京剧、听名段”，美术课上“画脸谱”，体育课和形体课上“练身段”，信息技术课上查资料、制作京剧小报等，全方位引导学生了解京剧、热爱京剧。通过区内各校基础性课程——音乐课、美术课、体育课甚至信息技术课融入中华优秀传统文化的内容，提升学生的智育、美育、体育的全面发展。

2. 拓展型课程建设

各校积极开设各类极具中华优秀传统文化代表性且有个性化特质的拓展型课程，并逐渐形成校本课程读本。据不完全统计，开设拓展型课程的学校有 98 所（88.29%），其中小学 53 所、初中 38 所、高中（含中职校）7 所。每所学校平均开设 4 门课程，每周 1.6 课时，主要年级对象分布在一到八年级。

各校开设的传统文化类拓展型课程主要包括书法、古诗词、剪纸、篆刻、围棋等。其中，莘光中学等 34 所学校开设书法课程，北外田园等 10 所学校开设古诗词阅读或创作类型课程。其中，马桥万科开设的“马桥豆腐干的申遗之路”、莘松中学的“我游家乡美丽小镇”等拓展课程，都是根据校情，挖掘周边和校外的资源，联动家校开发的拓展课。部分学校已形成课程读本，如曹行小学编写的“刨花画”、颛桥小学编写的“颛小鼓娃”等。

3. 研究型课程建设

各校为激发学生在真实的情境中自主探究中华优秀传统文化的兴趣，积极根据自身的资源和办学特点，逐渐拓宽传统文化教育的时空，创新渠道和形式。现有 37 所 (33.33%) 学校开设研究型课程，其中小学 23 所、初中 13 所、高中（含中职校）1 所。每校平均开设 1 门课程，主要对象为一到八年级。

各校开展的传统文化教育探究型课程主要有皮影、中医药、文化探访等。其中，文来实验等 4 所学校开设皮影主题课程，晶城中学等 2 所中学开设中医文化主题课程，都各有特色，且这些项目都已被评为区域传统文化优秀课程。还有，如颛桥小学在研究型课程的建设中，自主设计“家乡今昔”“我与民族艺术”“美丽的校园”三个研究主题，其中，“我爱美丽颛桥——寻找家乡的年味”的研学旅行充分挖掘本地区的民间文化之乡的地域特色，组织学生分阶段开展对家乡剪纸文化、鼓文化、糕点文化的探究，激发学生对家乡的热爱。蔷薇小学以课程为载体，以活动为路径，依托“微微本草”“强身有术”和“食·识·中草药”等特色项目推进研究型课程，编创“神气小囡五行操”，与出版社合编《强身有术》读本，促进学生身心健康发展。

三、进活动——提升主题教育品质

在推进中华优秀传统文化教育中，区域积极发挥主导作用，以“一体化”“主题式”开展中华优秀传统文化教育，提升学校的活动参与度，提高主题教育活动的品质。

1.“一起过节”，中华传统节日一体化项目

闵行区教育局以“我们的节日”为载体，从“了解传统节日、体验传统习俗和参加节日文化活动”三个环节入手，精心设计、开展各类基于日常生活、基于真实体验的朴实而又生动的传统节日教育。通过组织师生、家长参加“荟萃元宵”游园会、“龙跃浦江”端午文化节、“月满水博园”马桥中秋民俗文化活动、“九九颛桥·重阳糕会”等节庆活动，让大家在参与民间工艺、习俗游戏、舞台表演、品尝制作传统美食等喜闻乐见的活动中，更好地了解中华传统节日文化的知识，体验各种民俗节日

风尚。

如在“我们的节日”传统节日教育中，形成了汽轮小学、实验小学、明强小学的“校园四季”系列，航华一小的“话香囊、闻香囊、舞香囊、做香囊、创香囊”过好端午节等系列节日品牌活动。在一系列的礼节和民俗活动中把传统文化中仁、孝、慈、义、和、信、俭、廉、耻、善等教育元素渗入到育人过程中，细化到良好家风的培育和传承中，引导青少年珍惜和感恩幸福生活。

2.“一份菜单”，中华传统文化主题式活动项目

区教育局每年3月制订年度“阅中华·悦成长”传统文化传承发展项目的实施方案，以“一份菜单”部署推进传统文化主题式教育活动。目前已开展11届“文来杯”经典吟诵活动、11届“莘城杯”现场书法大赛、9届“君莲杯”传统文化知识大赛和探访实践活动、8届“黎明杯”书法优秀作品展评等系列主题活动，还成功举办了4次区域传统文化教育综合成果的展示，覆盖面达到100%，有效推动了中华优秀传统文化教育在区域的普及和传播。

如已连续开展9年的“君莲杯”传统文化知识大赛暨探访实践活动。通过每年“聚焦一个文化主题、编写一本专题读本、开展一系列主题活动”，已推进了“传统节日、中华戏曲、中国书画、中国建筑、中华服饰、传统医药、传统体育、中华美食”等主题的学习和实践，深受闵行学生、老师和家长的认可，参与率逐年增高。在“服饰中的锦绣年华”主题活动中，学生们通过阅读中华服饰专题读本，学习服饰文化知识，了解服饰变化历程；通过线上线下探访服饰博物馆，探究服饰背后的文化与故事，感受中华服饰的魅力，从而更深刻地理解和传承中华传统服饰中的文化变迁与发展。

四、进实践——融合校家社企育人力量

近年来，随着大虹桥战略的实施，闵行成了长三角现代化城市建设的核心区，这些为闵行提供了丰富的中华优秀传统文化教育资源。区教育局积极推进中华优秀传统文化教育家校共育、校企共育，校馆共育，做好教育资源和力量的整合。

1. 联动社企资源，共建基地与课程

区教育局联动区内各街镇教委、未思联席会议成员单位等，积极开发传统文化教育基地和课程。目前，区内马桥文化展示馆、颛桥历史文化长廊、翰林匾额博物馆、七宝古镇、华漕非遗传习基地、闵行区历史博物馆等近 30 多家传统文化教育单位成为区域“青少年研学实践教育基地”。同时，已形成“神奇的中国乐器”“沪谚家训、家规进课堂”“海派漆艺创新美育课堂”“保护建筑中的红色记忆”“剪纸建党百年”系列“馆校共育”课程，实现教育资源的最优组合。而且，区域联动研学基地每年组织开展“我爱中华传统文化”等研学活动，让学生在实践体验中对优秀传统文化有了更丰富的感知和理解。

如 2020 年暑假，区内组织 151 所学校 1164 多名学生参加“学四史・悟传统文化力量”的主题研学，一起探家乡文化之根。学生们在韩湘水博园、马桥镇俞塘民众教育纪念馆和马桥文化展示馆内与先民对话，循着他们的足迹，感受人类文化进程中的时代精神；通过参观闵行博物馆，学生们又系统了解了上海县七百年的发展历程，知晓自中华人民共和国成立以来，闵行一直是现代工业文明的摇篮，感悟闵行深厚的历史人文底蕴，从而激发出身为闵行人的自豪感。

2. 非遗导师进校，提升共育实效

各校为切实推进优秀传统文化教育工作进校园、进课程，邀请了大量的特长教

师、家长志愿者、社区非遗传承人等担任拓展课、探究课中的传统文化“课程导师”，将戏曲、书法、皮影、剪纸等丰富的非遗项目引进校园，构建“家校社”的联建共建机制。

如曹行小学的“古船模制作”项目，邀请闵行区非物质文化遗产项目代表性传承人、闵行当代工匠杨生美老师亲自指导制作，将古船模制作和木艺课程有机结合，传承精益求精、锲而不舍的“匠人精神”；虹桥小学邀请到上海滑稽剧团钱程团队，开发了“上海闲话”项目，鼓励学生敢说乐说传承“沪语”文化，家校联动推出了14节“小小嘎讪胡”空中课堂；闵行三中成立闵三昆曲宣演团，邀请昆曲传承人到校进行指导，学生们通过“课程学习—节目策划—校园排练—舞台演出”的系统化学习，从校园走向社区街道，从学校小舞台走上社会大舞台，共登台28次进行昆曲艺术文化巡演，他们是昆曲表演舞台上的主角，更是传统昆曲艺术文化的展示者、推广者和传承者。

五、进队伍——提升教育实施力

学校校长、教师是推进校本中华优秀传统文化教育的核心力量，因此闵行区教育局高度重视关键队伍建设。近年来，区教育局汇编了5本中华优秀传统文化教育成果集，60多位教师的优秀教育成果在市、区层面有不同形式交流和展示，形成了中华优秀传统文化教育队伍建设的激励机制。

1. 组织宣传学习，激发学校内在动力

闵行区教育局组织学校领导开展《关于实施中华优秀传统文化传承发展工程的意见》《闵行区中小学中华优秀传统文化教育指导意见》等文件的专题学习，进一步提高学校领导对中华优秀传统文化教育的认识。同时依托中华优秀传统文化教育特色校、特色项目的申报和展示，促进学校发挥主动性，创新教育方法，提升教育实效。

2. 拓展工作路径，发挥优秀教师影响力

区教育局通过召开传统文化教育“区域推进会”“片区研讨会”“校际优秀课程交流”“建立网上课程资源包”“编辑优秀成果集”等路径，构建区校联动、校校互动的优质资源共享机制，进一步促进学校领导、德育干部、优秀教师对传统文化教育的自信心，发挥示范作用。如群益职校校内的“民族服饰陈列馆”“盘扣展示馆”成为市、区普职融通职业体验的重要场所……因为这些优秀学校、教师的努力和参与，区教育局也连续 4 年获得上海市传统文化教育月活动的优秀组织奖。

3. 加强联盟建设，提升教师专业水平

闵行区教育局依托“中华戏曲进校园”“中华传统体育文化进校园”“书法进校园”专项工作联盟，构建“专家指导 + 联盟共研 + 学校创特色”的工作机制，进而提升区域学校和教师传统文化教育的专业化水平。

如在“中华戏曲进校园”项目中，教育局牵头，联合七宝镇教委、吴泾镇教委、莘庄镇教委，引进京剧、昆曲、越剧、沪剧的专业师资，为学校带去专业指导，为学生拓展多类别、多层次的戏曲体验活动；新冠疫情防控期间，“中华传统体育文化进校园”项目组利用“空中课堂”的武术教学资源，组织全区 1500 多名体育老师进行线上武术教学培训，带领全区学生走进了一堂堂多彩、生动的武术教学课堂；值得一提的是，目前区内 2 个书法联盟，已有 24 所学校参加。其中，作为小学书法联盟盟主校的莘城学校，坚持以“书法教育”为突破口，把书法特色教育功能的定位从单一的写字技能训练提升为师生人品的塑造，推及学校的整体改革；联盟积极承办“中华书魂　校园墨韵”2020上海市“书法名家进校园”活动，通过《莘城印社》组织书法教师线上培训教研，组织有书法特长的师生近600人次为社区居民书写春联送福字，激发师生对中华优秀传统文化的理解和热爱，提升文化传播社会影响力，学校被评为国家级规范汉字书写教育特色学校。

六、进评价——以评促建、填谷筑峰

闵行区教育局在培育具有闵行特色的中华优秀传统文化教育品牌项目进程中，坚持以“一校一品”特色创建评选，每年通过传统文化教育“优秀校”“优秀项目”“优秀学生”“优秀家庭”“优秀指导老师”的申报和评选，形成中华优秀传统文化学校示范、项目示范、师生示范、家庭示范“四位一体”的特色标杆，在以评促建的过程中填谷筑峰，不断推进项目整体性和持续性发展。

经过逐年循序渐进的培育，区内有8所全国中华优秀传统文化传承学校，7个上海市非遗传习基地，10门“中国课程”，已评选出闵行区传统文化教育35个优秀校和135个优秀项目，300位传统文化技能小达人，200位优秀指导教师和100个优秀家庭。区教育局每年设立“阅中华·悦成长——中华优秀传统文化教育项目”专项活动经费和绩效统筹，奖励约100万经费，这不仅让中华优秀传统文化在研究、实践和传播等工作上更“接地气”，更有可持续发展性，更是发挥优秀传统文化教育怡情养志、涵育文明重要作用的“助推器”。目前，区内拥有文来实验、君莲学校、颛桥小学、莘城学校等一大批各具特色的传统文化教育优秀校和优秀项目，它们各展其能，各具特色，成效斐然。如文来实验发挥市非遗基地区龙头校作用，聚合区传统教育优秀校、上海市艺术协同中心、上海市非遗研习基地校等全市 70 多家单位打造百门非遗课程，辐射效应显著。如教院友中开发的“友爱布艺”项目，通过“剪、缝、绣、贴、缠、纳、叠、镶”等传统工艺和创新方法制作出各种实用美观的新时代手工艺品，该项目被评选为“2019 年度上海市民终身学习体验基地品牌体验项目”，而“《女性汉服演绎》布艺课程”获 2020 年上海市民终身学习线上体验项目一等奖。

2020 年 9 月，闵行区作为上海市参与教育部基础教育质量监测中心第二轮国家义务教育德育状况监测的区域之一，在学生的理想信念和价值观、学生行为规范的日常表现、学生对中华优秀传统文化和国情常识的了解状况等方面取得了较好的成绩。监测结果显示，闵行区中小学开展中华优秀传统文化教育主题活动的为 100%，育人成效突出。其中，四年级学生对中华优秀传统文化了解状况的平均分为 227 分，高于全国 22 分，在对中华优秀传统文化内涵与价值的理解方面达到中上水平和高水平的人数比例之和为 54.6%，高于该项全国统计数据 10.6 个百分点；八年级学生对中华优秀传统文化了解状况的平均分为 241 分，高于全国 41 分，在对中华优秀传统文化内涵与价值的理解方面达到中上水平和高水平的人数比例之和为 61.5%，高于该项全国统计数据 11.1 个百分点……由此也反映出，闵行区教育局通过中华优秀传统文化教育项目“六进”工作，在推动区内各校中华优秀传统文化教育的普及与提高，助力社会主义核心价值观落地生根、入脑入心，发挥综合育人功能方面是有明显成效的，能为进一步推进中小学中华优秀传统文化教育起到示范、引领作用。

目录 Contents

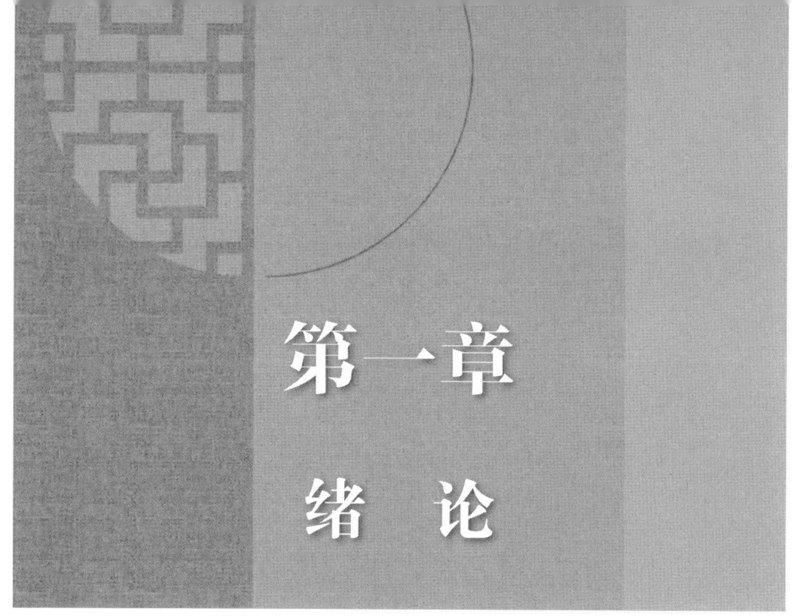

第一章 绪论

一、研究背景

（一）德育形势

中华优秀传统文化是中华民族的智慧创造，是东方文化的集中体现，是人类文明发展历史上一块重要的文化瑰宝。但是改革开放后，中国与全世界进行着空前密切的交流，社会主义所倡导的价值观面临着西方社会思潮的冲击，中华优秀传统文化在与世界多元价值观的碰撞中同样受到很大的挑战。

习近平总书记提出要把培育和弘扬社会主义核心价值观作为凝魂聚气、强基固本的基础工程，并在十九大报告中指出："社会主义核心价值观是当代中国精神的集中体现，凝结着全体人民共同的价值追求。"习近平总书记还明确提出："培育和弘扬社会主义核心价值观必须立足于中华优秀传统文化。"中华优秀传统文化是社会主义核心价值观生长的肥沃土壤，社会主义核心价值观是中华优秀传统文化得以传承的现代载体。

因此，在当今中国的青少年一代的教育中要培育和践行社会主义核心价值观，就要深入挖掘和阐发中华优秀传统文化，这是加强中小学德育工作、深化教育领域综合改革、促进学生健康成长、推进中国特色社会主义事业的必然要求和现实选择。

（二）政策导向

2019 年 11 月，中共中央、国务院印发的《新时代爱国主义教育实施纲要》中指出："深入实施中华优秀传统文化传承发展工程，推动中华文化创造性转化、创新性发展"；2017 年 1 月，中共中央办公厅、国务院办公厅发布的《关于实施中华优秀传统文化传承发展工程的意见》中强调"要进一步推进和深化传统文化的研究阐发、教育普及、保护传承、创新发展和传播交流等工作"；2013 年 12 月，中共中央办公厅印发的《关于培育和践行社会主义核心价值观的意见》（中办发〔2013〕24 号）中也指出"要发挥优秀传统文化怡情养志、涵育文明的重要作用……要让优秀传统文化在新的时代条件下不断发扬光大"的要求；2017 年 8 月，教育部发布的《中小学德育工作指南》（教基〔2017〕8 号）中指出育人要有五大内容，即"社会主义核心价值观、中华优秀传统文化、理想信念、生态文明教育和心理健康"；2014 年 4 月，教育部印发的《完善中华优秀传统文化教育指导纲要》（教社科〔2014〕3 号）中对加强中华优秀传统文化教育的重要性和紧迫性，加强中华优秀传统文化教育的指导思想、基本原则和主要内容，分学段有序推进中华优秀传统文化教育等七大推进中华优秀传统文化方面的具体措施进行了详尽的阐述。

上海市教卫工作党委、市教委也明确了，要围绕立德树人根本任务，以培育和践行社会主义核心价值观为主线，通过推动中华优秀传统文化“进教材、进课堂、进课外、进网络、进队伍建设、进评价体系”，构建大中小学各学段纵向衔接、课堂内外和网络横向贯通、学校家庭社会三位一体的联动机制，形成科学化、规范化和长效化的制度保障，完善中华优秀传统文化教育工作体系。在此基础上，要坚持中华优秀传统文化教育与培育和践行社会主义核心价值观教育相结合，坚持课堂教育与实践教育、学校教育、家庭教育、社会教育相结合，形成中华优秀传统文化教育长效机制。

（三）区本德育基础

近年来，闵行区提出“德厚闵行、文进万家”的创建全国文明城区核心目标，以“德”滋养闵行的每一个公民，培育闵行未来公民，让“文”进入闵行的每一个家庭和社区。其中“德”的内涵包含未成年人成长发展过程中的“五个维度”，即正确的价值取向、丰厚的中华优秀传统文化底蕴、积极的心理品质、清晰的生涯意识和良好的行为规范；“文”则是指与时俱进的、发展变化的优秀传统文化；“进”是指进校园、进课程、进校外、进社区。在此基础上，闵行区以上海市“德尚”课题重点项目《“阅中华·悦成长”——区域中华优秀传统文化传承发展的实践研究》为引领，坚持系列化、知行合一、创新发展的原则，对中华优秀传统文化教育进行了长时间、全方位、多维度、有价值的探索和实践，以文化人，以文导行，培养学生的高尚品行，自觉延续文化基因，增强民族自尊心、自信心和自豪感。

区域通过完善顶层设计、构建优质课程图谱、创新主题教育方式、做好家庭社企资源整合，不断提升教育实施力；坚持“一校一品”特色创建评选，形成中华优秀传统文化学校示范、项目示范、师生示范、家庭示范“四位一体”的特色标杆，在以评促建的过程中填谷筑峰，不断创新中华优秀传统文化教育的载体和实施途径，推进项目整体性和持续性发展，形成了以“六进”为抓手的区域模式。

基于以上背景，闵行区教育局确立系列化、知行合一、创新发展的原则，在育人各环节中整合资源、创新途径，对传统文化教育融于社会主义核心价值观教育进行了长时间、全方位、多维度、有价值的探索和实践。这也是本项研究深入推进区域内中小学对中华优秀传统文化进行传承发展实践的重要基础。

二、研究目的及内容

（一）研究目的

通过课题研究，了解当前闵行区中华优秀传统文化的实践现状和存在问题；探索区本工作推进机制，形成实践路径的顶层设计；构建系列化实践平台，深挖三类课程、开展系列主题活动；寻找活动路径和方法，推行“一校一品”、推动家校共育、鼓励校外联动；实施以评促建，推动“五项评估”等“填谷筑峰”的实践研究，全方位提升闵行区中小学中华优秀传统文化教育的水平，发挥传统文化怡情养性、育德润德的作用，形成区本特色实践品牌。

（二）研究内容

1. 当前闵行区中华优秀传统文化育人的实践效果

经过近年来的推广与实施，闵行区中小学关于开展传统文化教育的成效显著，为持续推进该项工作，有必要对闵行区中小学传统文化教育现状进行深入的调查研究。

问卷以闵行区中小学生为主要调研对象，结合校领导、德育干部及家长人群进行了一次全面系统的问卷调查。问卷以调查闵行区的非遗及传承现状为主题，根据五种不同人群的社会角色及年龄分级产生五套具体题目，各包括 30 道左右题目，主要内容囊括 3 个主要板块：对传统文化及非遗的认识和了解、对传统文化及非遗传承现状的看法，以及学校对传统文化及非遗的传播与教育。

通过对调查结果的数据分析，了解当前闵行区中华优秀传统文化的实践现状和存在问题，为进一步深化中华优秀传统文化育人提供行动方向、方法和策略。

2. 闵行区中华优秀传统文化育人的行动研究

（1）编制《指导意见》，形成顶层设计

以 2017 年、2018 年传统文化教育优秀学校和优秀项目为试点校，明确研究任务，开展课程建设、教材建设、师资建设等试点研究。召开中华优秀传统文化教育研讨会，深入研讨优秀传统文化教育区本德育体系建设，研发和编制《闵行区中小学中华优秀传统文化教育指导意见》，形成闵行区中小学中华优秀传统文化育人的顶层设计。

（2）加强课程建设，形成《教育课程图谱》

聚焦中华优秀传统文化，依托三类课程深挖课堂内外的传统文化教育资源，充分发挥课堂教学主阵地作用，形成《闵行区优秀传统文化教育优秀课程图谱》，积极落实学科渗透，将优秀传统文化中的爱国情感、文化自信等元素有机融入课程教学全过程，起到“潜移默化、润物无声”的教育效果。

（3）开展文化主题教育，形成德育特色活动

引导各学校充分利用班会课、主题教育课、队团教育、升旗仪式、节庆教育等载体，加强中华优秀传统文化教育，通过丰富多彩的德育活动、校园文化活动，落实教育目标。

（4）推动教育走进家庭，形成家校共育风尚

重视和引领家庭文明建设，充分挖掘中华优秀传统文化中家风、家教建设元素，与文明修身、文明城区创建紧密结合，带动师生家庭参与中华优秀传统文化项目的建设。

（5）整合教育资源，形成校、企、馆联动机制

以区域内的文化场馆、各学校拥有的传统文化项目资源为抓手，积极鼓励各学校在中华优秀传统文化课程、师资等方面实行资源分享、互补，用好学校少年宫，推进小初高教育一体化。在此基础上，引导各学校与有中华优秀传统文化教育资源的企事业单位、展馆基地开展教育合作，形成中华优秀传统文化教育的校际联动、校企联动、校馆联动的机制，创新教育方式。

（6）实施“以评促建”，形成“一校一品”教育特色

通过建立和完善中华优秀传统文化教育的区级评价体系，推进各学

校开展“一校一品”培育项目申报、验收工作，把培育中华优秀传统文化教育“优秀校、优秀项目、优秀教师、优秀学生和优秀家庭”这五项作为推动学校传统文化教育和特色项目培育的重要举措，在以评促建的过程中推进项目整体和持续性发展。

三、研究意义

综观近年来关于中华优秀传统文化教育的研究，可以发现，中小学传统文化教育大多以理论论述为主，缺乏实践实证。尤其是从区域的角度所进行的研究并不多见，推进过程中缺乏整体架构、课程体系和持续进阶的设计的实施路径和评价体系，尤其是区本教育的工作机制，区域性的教育集群效应，学生在文化传承、美育体验中从被动走向主动的实践等问题亟需解决。

因此，从理论层面上来说，作为青少年学习教育的主阵地，学校应当开展相关的非物质文化遗产教育，探索适合学校开展中华优秀传统文化的模式和途径，这有助于提高人们对传统文化的重视，有力地推动素质教育的进行，也使中华优秀传统文化的传承与发展呈现出新的活力；从实践层面上来说，以不损害中华优秀传统文化遗产的活性和完整性为原则，采用切实有效的方式，因时制宜、因地制宜地研发教育课程、编制图谱教材，开展德育主题教育，建立区载家、校、社共育共享体系，形成较为清晰的中华优秀传统文化教育的机制、路径和价值体现，对新时代学校以美育人、以文化人有现实参考和借鉴意义。

（一）刻录文化基因，传承中华优秀传统文化

习近平总书记将中华优秀传统文化看作中华民族的"文化基因"，是中华民族的精神标识和精神命脉。这一论断深刻揭示了传统文化对一个国家、民族传承、发展的关键作用。"只有坚持从历史走向未来，从延续民族文化血脉中开拓前进，我们才能做好今天的事业。"没有文明的继承、发展和文化的弘扬、繁荣，就没有中国梦的实现。文化基因是一个民族安身立命的基础、生存发展的支撑、身份归属的标志，是维系民族发展繁荣的最深沉的力量。中华优秀传统文化体现着中华民族的文化基因，构成了中华民族共同精神家园的重要组成部分。具体表现为：

① 中华优秀传统文化记载了中华民族自古以来在建设家园的奋斗中开展的精神活动、进行的理性思维、创造的文化成果。

② 中华优秀传统文化积淀着中华民族最深沉的精神追求，代表着中华民族独特的精神标识，其中最核心的内容已成为中华民族最基本的文化基因。

③ 中华优秀传统文化中蕴含着的中国人最基本的文化基因是中华民族和中国人民在修齐治平、尊时守位、知常达变、开物成务、建功立业过程中逐渐形成的有别于其他民族的独特标识。

④ 稳步推进中国特色社会主义事业，实现中华民族伟大复兴，需要构建中华民族的共同精神家园，而中华优秀传统文化则是其中不可或缺的重要组成部分。

通过本研究的实践，推动区域内的中小学生真正入脑入心地学习中华优秀传统文化，对自己的民族有更加深刻的正确认识，将民族的文化

基因刻录在自己的思想中，成为其忠实的拥护者和传扬者。让学生在弘扬传统文化的同时，也将学到的知识和技能与现代社会的发展紧密联系起来，创造性地转化与发展，从而实现中华优秀传统文化的传承与发展。

（二）推进文化育人，落实立德树人根本任务

在基础教育的德育工作中，目前虽多强调文化育人，但是在实践过程中还是会存在采取直接灌输的现象，会引起学生的反感和抵触情绪，因而收效甚微。

从国家层面来说，关于中国传统文化的时代价值，世界上的不少有识之士认为，包括儒家思想在内的中华优秀传统文化中蕴藏着解决当代人类面临的难题的重要启示。可以说，中华优秀传统文化就是我们讲好中国故事的绝佳素材，是中国和中国人在世界舞台上的亮丽名片，是中华民族屹立于世界民族之林的深厚软实力。

从育人层面来说，随着中国特色社会主义事业的不断发展，德育作为塑造未来社会的关键一环，亟待进行创新性建设。中华优秀传统文化博大精深，涵盖了文学、艺术、教育、伦理、宗教、哲学、军事、政治、科学、风俗等诸多方面内容，将中华传统文化作为育人育德的载体，教育者可以通过其中丰富的内容选材、多种多样的形式，将社会主义核心价值观逐步渗透给学生，从而将立德树人落到实处。

从学生层面来说，优秀传统文化蕴含丰富的哲学思想、伦理道德和历史故事，是培养学生优秀品质的理想选择。学生不仅能够从中汲取智慧，而且可以培养出正确的价值观，提升他们的社会责任感，为未来的

个人发展和国家建设奠定道德基础。

如上所述，将优秀传统文化融入学生德育，不仅是对文化传承的延续，更是对未来社会建设的有力支撑。传统文化中有许多内容值得学生去学习和传承。

1. 价值观念的传承

传统文化内涵丰富，包含很多重要的价值观念，如崇德尚义、孝悌忠信、和谐共生等。这些价值观念在传统文化中得到了深刻的阐释和传承，成为代代相传的宝贵财富。学生通过学习和传承传统文化，能够汲取这些价值观念，形成积极的人生观，建立正确的道德观念，从而实现德育的目标。在传统文化中，孔子的仁爱之道、老子的道德哲学、孟子的人伦观念等，都承载了深刻的价值观念。这些思想观念强调人与人之间的和谐相处，有助于道德品质的培养，鼓励人们主动担当社会责任。通过学习传统文化知识，学生能够认识到价值观念的重要性，并在日常生活中将这些观念付诸实践。例如，通过了解家国情怀的传统，学生会更加珍惜家庭和社会的和谐关系，培养出孝顺父母、友善同学、关爱他人的品质。这些正面的行为和价值观念不仅有助于学生的个人成长，还有助于社会的稳定和和谐发展。

2. 文化认同的塑造

传统文化是国家文化的重要组成部分，学习和理解传统文化有助于增进学生对国家文化的认同感。这种文化认同感可以激发学生的爱国情感，培养学生的社会责任感，使他们更加愿意为社会进步和国家繁荣贡献力量。文化认同的塑造不仅是对传统文化的尊重，也是对国家热爱情怀的展现。学生在感受到自己是国家文化传承的一部分后，会更加珍惜国家的发展成就，积极投身到国家建设中。这种爱国情感和社会责任感，将促使他们主动参与社会活动，关心国家大事，为国家的繁荣和社会的进步贡献自己的力量。

3. 道德模范的树立

传统文化中关于众多道德楷模和英雄人物的故事成为学生学习的榜样。通过深入讲述这些故事，学生能够在道德层面汲取智慧，学习正确的行为规范，这在学生德育中具有突出的作用。我国传统文化中有许多著名的道德楷模，如文天祥、岳飞等。他们的一生都在践行高尚的品德和坚定的信仰，他们的行为成为后人学习的楷模。通过讲述这些道德楷模的故事，学生能够接触到真实的、充满正能量的榜样，这有助于他们理解道德原则和行为规范。学生从这些道德楷模的故事中汲取智慧，形成自己的道德观念，这将对他们的德育产生深远的影响。

4. 社会规则的传承

传统文化包含了丰富的社会规则和行为准则，这些规则不仅是历史的积累，更是对社会生活的智慧总结。学生通过了解这些规则，可以更好地融入社会，遵守法纪，维护社会秩序，实现德育的目标。我国传统文化包含了丰富的社会规则，涵盖了家庭、礼仪、职责、尊重等多个方面。例如，孝顺父母、尊敬师长、宽容待人等，都是传统文化中强调的行为准则。这些规则不仅有助于培养学生的社会责任感，还有助于他们建立良好的社会交往习惯。通过学习传统文化中的社会规则，学生能够更好地理解社会的运作机制，明白规则的重要性。传统文化中的社会规则，也有助于学生树立正确的职业道德观。

因此，在加强学生的道德教育方面，借助于我国的传统文化资源，为学生的德育注入传统文化的力量，使他们在成长过程中汲取文化智慧，树立正确的价值观，是一种非常有效且切实可行的教育方法和手段，也是实现立德树人目标的重要举措。

（三）整合路径创新，形成区本特色实践品牌

传统文化作为中华民族的瑰宝，不仅承载着丰富的历史和文化底蕴，而且蕴含着宝贵的价值观念。通过传承和弘扬传统文化，能够为学生的德育提供独特的资源和路径，增强他们的社会责任感和文化认同感。

本项研究将在已有成果的基础上，深入探索中华优秀传统文化教育的载体和实施途径，探索在全学校、全社区、全流程的保障机制下，通过深挖三类课程、开展主题活动、推行“一校一品”、推动家校共育、鼓励校外联动、实施以评促建等实践研究“填谷筑峰”，确保传统文化能够深入融入学生的德育，从而整体提升闵行区中小学中华优秀传统文化教育的水平线，发挥传统文化怡情养性、育德润德的作用，形成区本特色实践品牌，为进一步推进闵行区中华优秀传统文化教育，起到示范、引领作用。

四、文献综述

（一）中华优秀传统文化的概念界定

传统文化是在长期历史发展中形成并保留在现实生活中的、具有相对稳定性的文化。中国传统文化是一个博大精深的体系，我们要从不同的视角来看待和界定传统文化。

1. 从中华优秀传统文化的内在属性界定

“中华优秀传统文化”可分解为四个词，即中华、优秀、传统、文化。这四个词的含义如下：

首先，“中华”意谓居于中央的文化昌明的民族，中华民族是创造中华传统文化的主体，是中华传统文化落地生根的本源。

其次，“优秀”是由于中华传统文化经历了漫长的发展过程，其中必然包含多种多样的文化内容，不可否认的是这些文化中有精华亦有糟粕，本研究定位的是中华传统文化中的精华。

再次，“传统”意指世代相传、从历史沿传下来的思想、文化、道德、风俗、艺术、制度以及行为方式等，对人们的社会行为有无形的影响和控制作用。

最后，“文化”是指人类在社会实践中所创造的物质成果和精神成果的总和，包括物质文化、制度文化、精神文化等。

2. 从中华传统文化的内在构成界定

从时间维度上看，中华传统文化是具有五千年悠久历史的文化，是世界文化系统中唯一没有中断的文化；

从空间维度上看，中华传统文化是在相对稳定相对封闭的地理环境下形成的一种文化；

从发展维度上看，中华传统文化是一种不断吸纳其他文化形态，又不断进行自我调适、自我更新的一种文化；

从地域维度上看，中华传统文化是由不同地域文化，如齐鲁文化、燕赵文化、中原文化、荆楚文化、吴越文化、岭南文化、巴蜀文化、关中文化、三晋文化等共同构成的一种文化；

从内容上看，中华传统文化是以儒家文化为主，以道家文化、佛家文化为辅并涵盖各种文化形态如法家、墨家、名家等多种思想体系以及各种民间信仰、知识、习俗等而形成的一种文化；

从主旨上看，中华传统文化是一种重人伦、重道德、重入世、重实用理性的人伦道德文化；

从社会性质的维度上看，中华传统文化本质上是建构在以血缘关系为基础上的一种农耕文化，是一种以一家一户为单位的自然经济型文化。从某种意义上来说，各种思想观念、伦理道德、教育、宗教仪轨、文学艺术、科学技术、典章制度、文献典籍、建筑、雕刻、书法、绘画艺术乃至衣食住行、风俗习惯、风土人情等，都可以说是传统文化的内容。

综上分析，借鉴薛学共教授对于中华优秀传统文化的界定，这里的中华优秀传统文化是指中华民族进入现代社会以前的长期历史发展中形成的传统文化中的精华，它是对人们的思想行为起着规范作用的观念、价值和知识体系，是在中国历史上具有一种稳定结构的共同精神、心理状态、思维方式和价值取向。

（二）中华优秀传统文化的育人功能

中华优秀传统文化的内涵是“化人”。“文以载道，道以化人”，在其五千年的传承中，中华民族的精髓不断地“内化于心，外化于行”，以此来塑造人、教育人和培养人，在全面提升民族素养的同时，实现人类文明的繁荣进步。“立德树人”的内涵是“育人”，是以社会主义共同理想为指导，以符合现代化社会发展需求的思想言行为规范，培育“四有”与“四信”的人才。因此，中华优秀传统文化的“化人”与立德树人的“育人”在本质上是契合的，在现今仍旧有着重要的育人功能，具体表现在以下几个方面。

1. 价值引领功能

站在社会学上来分析，关于其价值观的形成一般都是从无到有，再经过内化而形成的个人的习惯，这个过程就是价值观形成的过程。目前的社会环境一直处于不断的变动之中而且还比较复杂，在价值观层面，其评价的标准也是多元化的。基于这样的前提，就需要对学生的价值观进行引导，使他们形成与社会需求相符的并且具备时代精神的，和国情相匹配的价值取向，这也是当下学校德育工作的重要内容。从中华优秀传统文化的育人价值来说，其首要功能就是在培养人的过程中秉持价值原则，培养具有正确价值取向的人。

2. 规范约束功能

传统文化能体现人的道德规范，使人有道德约束，使道德维持在一定的程度，是人的行为规范的标尺。中华传统文化一直秉持“内圣外王”的教化功能。所谓教化，是指“文化环境中处于核心地位的价值观念、思想信仰及与此相一致的各种行为规范对社会成员思想的教育和行为的规范”。如儒家思想推崇“仁”字，要求人要具备忠、恕、悌、智、勇、恭、宽、信、敏、惠等多种品质，其中涵盖了对人方方面面的规范。“仁”的核心是“仁爱”，是人情淡漠的现代社会尤其需要培植的品质。“仁”讲求关心爱护与同情帮助，是一个人德行高尚的表现。包括善良、诚实、守信、友爱、谦恭、勤奋、包容、进取与尊重等，代表着中华子孙的核心价值取向，体现了丰厚的中华传统文化底蕴。

因此，中华优秀传统文化对培养学生养成符合社会角色期待的行为举止和自律意识，示范并引领社会公民恪守道德与法律具有的积极作用。

3. 能力提升功能

教育的本质是通过文化促进人的发展的活动。中华优秀传统文化不仅能够传承知识，还积淀了深厚的文化底蕴，不但具备感性的内容还有理性的思维，在提升学生的综合素质和能力方面也发挥着举足轻重的作用。

（1）智育

孔子的教育思想对中国乃至整个东亚产生了深远的影响。“敏而好学，不耻下问”“温故而知新”“工欲善其事，必先利其器”等，都为学生提供了正确的学习方法。历史上各代人物刻苦学习、勤奋向上的精神都是值得学生学习的。

（2）体育

中国的传统体育历史悠久，不仅能够强身健体，又重在磨炼意志。

与西方的竞技体育不同，中国的传统体育以“祛病健体”为出发点，精髓是和谐、养生，富有中国特有的体育人文精神。例如，注重内外兼修的太极拳，习武先习人的中华武术等，都能对学生的身体健康和心理健康有极大的帮助。

（3）美育

中华优秀传统文化包括多种多样的艺术形式，古代诗词歌赋、古代民歌、民族乐器演奏、绘画、书法、雕刻、制瓷、陶土、篆刻等艺术作品都是提高学生艺术修养的优质资源。挖掘民间传统的艺术资源，不仅能丰富学生课余生活，提高学生对传统文化的认识，激发学生对传统艺术的热爱之情，还能提高学生的审美水平和艺术修养。

除此之外，中华传统法治文化意蕴悠长，拥有民族特色鲜明的法治观念和严明的法律规范。要提高传统法治文化的地位，努力汲取中华传统法治文化的养料，促进新时代法治文化的创造与发展，理性辨析和继承传统法治文化，增强我国公民的法治意识。

蔡元培先生曾指出“德育为完全人格之本。若无德，则虽体魄智力发达，适足助其为恶，无益也”。因此，在学生德育中渗透传统文化的内容，有助于学生感知文化、理解文化、传承文化、创新文化，有助于在传统文化中学习到历久弥新的文化精神，助力学生道德和个人素质的培育。

（三）中华优秀传统文化与现代德育的契合点

现阶段重视加强中华优秀传统文化的传承和教育，是因为中华传统文化中蕴含着丰富的德育资源，与现代德育具有内在的契合性，对于促进现代德育创新具有重要的时代价值。

1. 功能上的契合

文化在“化人”的过程中，隐性地执行着德育的功能。而文化之所以能“化人”，离不开德育这一内核，德育的目标实质上是把一个人塑造成属于特定文化群体和文化环境的“文化人”。因此，优秀传统文化与现代德育的功能具有内在的契合性。二者都具有育人功能、导向功能、凝聚功能和传承功能。所以说，现代德育要在传承的基础上发展，离不开优秀传统文化；优秀传统文化要得以继续传承和弘扬，也离不开德育。

2. 内容上的契合

中华优秀传统文化中蕴含着丰富的人生哲理和思想道德修养的内容，其中的许多思想道德观念和道德规范与现代德育内容具有高度的契合性，是现代德育的宝贵资源。主要反映在二者之间有“三观”教育的契合、爱国主义教育的契合、理想信念教育的契合、道德品质和行为规范教育的契合。

3. 载体上的契合

中华优秀传统文化除了与现代德育在功能、内容上有所契合以外，在载体上同样也有契合性，一些相同的载体是连结二者的最明显的桥梁。比如，以博物馆为代表的文化场馆一直以来都是传播先进文化的重要载体，尤其是随着现今博物馆外延与内涵的不断扩展，它在文化传递、传播方面显示出越来越明显的独特优势。它不仅仅是历史文化知识的展示，更是一种导向、一种激励、一种陶冶，是一种德育形式。艺术载体不仅展现了古代人们高超的艺术水平，有助于提高现代人的艺术修养，促进人们审美能力和水平的提高，而且在学习和欣赏艺术的同时加深了人们对优秀传统文化的了解，成为传承优秀传统文化的生动载体。

一、研究思路

为了更全面地了解传统文化传承在区域学校的情况，本研究首先以实地调研为基础，通过问卷调查，从学生、家长和德育干部三个角度了解当前闵行区中华优秀传统文化的实践现状和存在问题，为进一步深化中华优秀传统文化育人提供行动方向、方法和策略；其次，从深挖三类课程、开展区内主题活动、推行“一校一品”的校本建设、整合联动校外资源、实施以评促建等方面进行中华优秀传统文化的传承与发展的实践研究，研究框架如下。

（一）闵行区中小学中华优秀传统文化教育实践效果的调查研究

闵行区自 2015 年开始组织承办开展“非遗进校园”的实践活动，区域内有 4 所学校是上海市非遗传习基地学校，有皮影、手狮舞、传统服饰、龙文化、沪剧等十几个非遗特色项目。与此同时，闵行区积极推进“传统体育进校园”工作，开展体育传统特色项目学校的评比，有武术、太极等优秀项目。另外，闵行区还组建推进“闵行区美育特色联盟”建设，成立了书法、戏剧、舞蹈、版画、乐器、合唱、艺课程等七大联盟。由上述几个方面出发，基于这些传统文化实施进行后的成效，从学生对传统文化的认知、态度情感、接受非遗及传统文化影响的方式与效果，以及校领导与相关老师对传统文化教育的组织实施和家长的反馈等方面来收集信息，开展调查问卷，进行分析与判断，从而更好地了解闵行区中小学开展中华传统文化教育的现状，以及学校对此的重视度、学生参与度和家长支持度等，更好地掌握发展优势，推进特色课程建设，寻找特别显性的优点和长处，以便更好地在全区各学校中开展与推动中华传统文化教育。

1. 区域中小学中华优秀传统文化教育实践的现状调研

问卷以闵行区中小学生为主要对象，结合学校领导、德育干部及家长三类群体进行全面系统的调查。问卷以调查闵行区的非遗及传承现状为主题内容，根据五种不同人群的社会角色及年龄分级调研，其内容囊括三个主要板块：对传统文化及非遗的认识和了解、对传统文化及非遗传承现状的看法，以及学校对传统文化及非遗的传播与教育，由表及里、由浅及深，问题设置贴近调查对象个人的经历经验，整体问卷上下连贯，中心明确，确保调查结果真实可信且具有研究价值。

2. 分析区域中小学中华优秀传统文化教育实践的优势

由问卷数据可看出，在闵行区教育局对传统文化教育的推广努力下，闵行区各中小学认真践行、大力实施，取得了优异的工作成果。具体表现在以下四个方面：

第一，闵行区中小学生对传统文化有广泛而深刻的认知，有积极浓厚的兴趣，在日常学习、生活中有较多积极学习和接受传统文化教育的活动，在参与相关活动的过程中，对传统道德、传统习俗、传统技艺等都有较深刻的体验感受；

第二，闵行区学校领导、德育干部及家长群体对非遗及传统文化都有较高程度的认识和了解，为中小学生营造了一个良好的传统文化学习氛围。其中，学校领导认真贯彻闵行区教育局对传统文化教育的推广政策，在学校中大力推广传统文化及非遗教育相关课程及教育活动，始终起到引领带头作用；

第三，学校德育干部能够组织多种形式的主题鲜明、内容丰富的传统文化推广教育活动，身体力行地传承、传递着优秀传统文化；

第四，家长群体对非遗及传统文化的高度认可及对学校传统文化教育的支持和配合，是学生认识和接受传统文化的重要支持力量。

以上的调查结果奠定了传统文化教育在闵行区中小学校的实行和推广的工作基础，预示了闵行区传统文化教育事业良好的发展前景及优异的工作成效。

3. 厘清区域中小学中华优秀传统文化教育实践中存在的问题与不足

通过对闵行区中小学传统文化教育现状进行深入的调查研究并进行数据分析，发现当前闵行区中华优秀传统文化的实践现状以及存在的一些问题，分别为：

第一，部分学校的领导、德育干部对传统文化的认识深度还不够，没有把握住传统文化的内涵和精髓，自身尚未树立坚定的文化自信，对传统文化发展现状判断不够精准，导致无法针对实际情况有效开展传统文化教育教学工作；

第二，有部分学校工作的主体性动力不足，在具体实施传统文化教育工作的过程中依赖教育局的工作布置，自主开发能力不足，创造性开展工作的机制没形成。总体上，学校在开展传统文化教育工作的过程中普遍存在教育时间不够、频次较少、师资短缺、硬件配置不足的问题，较之于学生较高的参与热情，学校在保障条件上，还需要制度供给、经费投入和资源整合等措施，提升关注度，提高教学水平；

第三，有的学校方面在对全体教师开展传统文化教育的培训上尚有欠缺，校方未建立全方位高质量的传统文化教育机制，教师群体自身传统文化素养的缺失导致学生难以接收到高质量的传统文化教育；

第四，部分家长与学校的配合度不够，使学生在学校以外的传统文化学习中容易出现时间漏洞或学习效果减弱的情况，学校在对家长开展传统文化教育的引导上还比较欠缺，全员育人的机制还没有建立。

本项研究以对样本做分类式分析的形式，客观、全面地分析了闵行区非遗及传统文化教育的传承和实施情况。从中我们看到，学校领导对非遗及传统文化教育的重视，相关老师的配合，学生们求知若渴的态度以及家长们的大力支持，这一切对于闵行区开展传统文化教育而言是很好的实证反馈，为之后的持续推广与发展奠定了良好的基础。当然，在反馈过程当中，我们也看到了一些问题与不足，通过调查可以进行针对性的改革与推进。这次研究结果作为闵行区推进传统文化教育实施的主要依据，有着指导性的意义。

（二）闵行区中小学中华优秀传统文化教育的行动研究

在前期调查研究的基础上，闵行区教育局多次召开课题组和核心学校研讨，共同编制《闵行区中小学中华优秀传统文化教育指导意见》，从目标、原则、内容和保障四个方面，构建区域中华优秀传统文化教育的德育体系，明确具体工作要求、时间节点和实践路径，并通过年度规划和活动菜单的形式架构闵行区中小学中华优秀传统文化教育的顶层设计，明确形成以下四个方面的内容。

1. 明确推进中华优秀传统文化教育的目标，设立总体目标和学段目标

总体目标：建设具有鲜明区域特色，小、初、高一体化的中华优秀传统文化教育体系；培养学生爱国情怀，增强学生国家意识；坚定文化自信，热心文化传承，提升学生的中华优秀传统文化素养，促进学生全面发展。

学段目标：在总体目标的基础上，按照学段分成小学低年段、小学高年段、初中段、高中段（含中职），对每个学段在知识技能、实践体验、情感态度三个方面应达到的中华优秀传统文化教育目标进行细化和落实。

2. 明确中华优秀传统文化教育的原则

区域推进中华优秀传统文化教育应坚持四个原则：坚持区本特色，深化工作指导；坚持体系建设，创新教育形式；坚持五育并举，促进全面发展；坚持队伍建设，整合教育资源。在此基础上，在如何进一步培育具有闵行特色的传统文化教育品牌项目，不断创新中华传统文化教育活动形式，促进学生对中华优秀传统文化在知识技能、实践体验、情感态度上不断内化、提升和有效实施活动评价方面提出了整体要求。同

时，区域层面也进一步在加强中华优秀传统文化教育的师资队伍建设，鼓励创建学校、个人的教育特色，充分利用区域性优秀中华传统文化教育资源，扩大教育覆盖面等方面形成了共识。

3. 明确形成闵行区中小学传统文化教育的顶层设计与实践路径

我们从课程、活动、资源、评价等方面进行“填谷筑峰”，并将确定中华优秀传统文化教育的实践路径作为本课题研究的重中之重。因此，在前期调查研究以及实践工作的基础上，依照系列化、知行合一、创新发展的原则，确定形成闵行区中小学传统文化教育的顶层设计与实践路径（见图 2-1）。

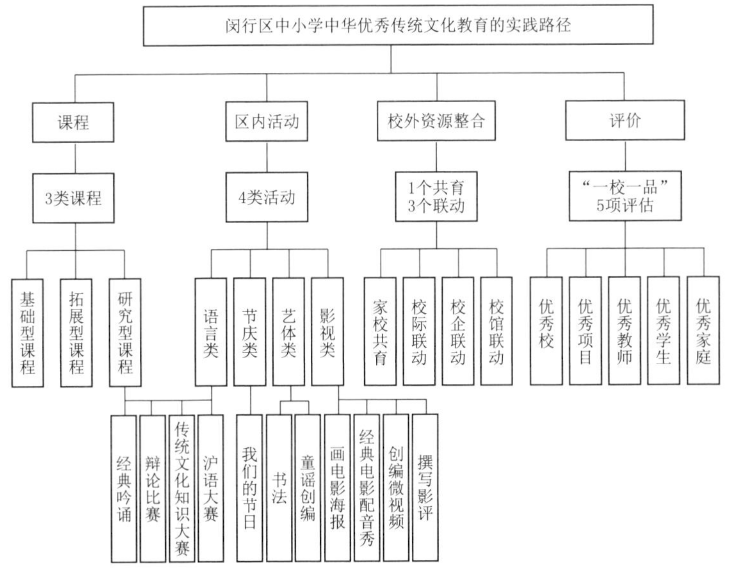

图 2-1　闵行区中小学传统文化教育的实践路径

4. 明确中华优秀传统文化教育的保障机制

（1）加强工作领导

区教育局把中华优秀传统文化教育作为闵行区落实《中小学德育工作指南》，加强未成年人思想道德建设的重要载体、特色亮点来抓，成立专项工作领导小组，制订专项工作计划，实行专项德育管理。

（2）加强经费保障

区教育局实施中华优秀传统文化教育项目预算，加强经费执行管理，保障教育活动的实施、“优秀校”“优秀项目”等的奖励、重要成果的辐射推广。

（3）加强人员配置

区教育局统筹协调区域内中华优秀传统文化教育的师资力量，开展校际间交流分享，加强区域内中华优秀传统文化教育的师训工作，落实全员育人。

（4）加强课题研究

区教育局积极开展中华优秀传统文化教育研究，通过课题研究、项目研究，深入探索中小学开展中华优秀传统文化教育的体制机制、路径方式、课程师资、教育评价等方面的问题。

二、研究方法

（一）文献研究法

通过中国知网平台搜索“中华优秀传统文化”“社会主义核心价

值观”“文化育人”等关键词，梳理中华优秀传统文化的概念、内容和基本特征，与社会主义核心价值观之间的关系，以及中华优秀传统文化在学校教育中的现有实践路径，从而找到本课题的研究切入点。

1. 中华优秀传统文化的内容与特征

中华传统文化博大精深、源远流长，源自中华民族的人文始祖伏羲。伏羲一画开天地，仰观于天，俯察于地，观鸟兽之文与地之宜，近取诸身，远取诸物，始作八卦，开启中华传统文化正宗，《易经》一脉。在几千年光辉灿烂的历史发展过程中，中华传统文化以《易经》为源泉，不断丰富扩充，发展出广泛流传的儒家、道家学术流派，并在春秋战国时期，形成法家、兵家、墨家、阴阳家、名家、农家、医家、杂家、纵横家等诸子百家学术流派。关于中华传统文化的内容，从学术流派的角度来说，主要包括儒家、道家、佛家、诸子百家；从文化载体的角度来说，主要包括经、史、子、集；从日常生活的角度来说，主要包括传统民俗文化。

由此，中华优秀传统文化是指中国古代文明的精髓和传统的文化遗产，是中华民族的精神家园，它是中国历史、哲学、文学、艺术、道德、法律等方面的总和，包括建筑、思想、文字、语言、书法、音乐、武术、曲艺、棋类、节日、民俗等。其主要特点如下。

（1）厚重的历史文化底蕴

中华优秀传统文化源远流长，具有悠久的历史和深厚的文化底蕴，包括了中国几千年的历史、哲学、文学、艺术、道德、法律等方面的内容。

（2）人文关怀和思想深邃

中华优秀传统文化强调人文关怀和思想深邃，强调人与人之间的关系和道德规范，让人们更加关注自身的内心世界和精神追求。

（3）独特的审美价值和艺术表现形式

中华优秀传统文化具有独特的审美价值和艺术表现形式，如诗词、书法、绘画、音乐、舞蹈、戏曲等，这些艺术形式以其独特的风格和内涵，表现了中华民族的审美情趣和文化特色。

（4）道德规范和思想精深

中华优秀传统文化强调道德规范和思想精深，尤其注重家庭、社会、国家的道德规范，提倡“仁、义、礼、智、信”等人伦之道。

（5）经典与传承

中华优秀传统文化是由一系列经典著作和文化传承而来的，包括《易经》《论语》《道德经》《中庸》等，这些经典著作不仅具有思想性和理论性，而且对后世的文化传承和发展产生了深远的影响。

（6）丰富的文化内涵和多元的文化形态

中华优秀传统文化具有丰富的文化内涵和多元的文化形态，它不仅包括了中国的哲学、文学、艺术等方面的内容，还包括了中国的宗教、民俗、传统医学、农业文化等方面的内容。

总之，中华优秀传统文化是中华民族几千年来积淀的宝贵文化遗产，它具有深刻的思想内涵和独特的文化特点，对于中华民族的发展和文化传承具有重要的意义。

2. 中华优秀传统文化与社会主义核心价值观之间的关系

社会主义核心价值观是对社会主义核心价值体系的科学概括和提炼。党的十八大报告提出："倡导富强、民主、文明、和谐，倡导自由、平等、公正、法治，倡导爱国、敬业、诚信、友善，积极培育和践行社会主义核心价值观。"这分别从国家、社会、公民三个层面阐述了社会主义核心价值观的内涵、层次，是社会主义核心价值体系的高度凝练和集中表达。这三个层面的内容如下。

（1）国家层面

中华文化历来强调"民本"。《尚书·五子之歌》中讲："民惟邦本，本固邦宁。"指的就是百姓是国家的根本和基础，唯有百姓富足安康，国家才能和谐稳定。社会主义核心价值观所倡导的"富强""民主"要求一切从人民群众的利益出发，关注民生，唯有人民安居乐业，国家才能富强昌盛，这是民本思想在当今时代的升华。中华文化强调"天人合一""和而不同"，"天人合一"意指人类活动应顺应自然规律，维护人与自然的和谐；"和而不同"则强调在与人交往之中既能与之保持和谐友善的关系，又能坚守自己的立场，不完全附和对方。这种理念要求人们在与人相处时应"求同存异"，保持人与人之间自由、民主、平等的关系，在与自然的相处中尊重自然，实现人与人、人与自然的和谐、可持续发展。这反映在社会主义核心价值观中，是"和谐"思想的体现。

（2）社会层面

《论语·卫灵公》中讲："己所不欲，勿施于人。"指要顾及他人感受，不能将自己不愿做的事情强加到别人身上。《孟子·滕文公上》中讲：“出入相友，守望相助。”教导人们要彼此关心、互相扶助。《孟子·梁惠王上》中讲：“老吾老以及人之老，幼吾幼以及人之幼。”指在赡养老人、抚育孩子时，也应顾及与自己无血缘关系的老人及小孩。这些强调博爱的论述都是以“和谐”为特色的中华优秀传统文化的反映。体现在当代，就是要求致力于构建民主法治、公平正义、诚信友爱、充满活力、安定有序、人与自然和谐相处的社会主义和谐社会。

（3）公民层面

《周易·乾》中讲：“天行健，君子以自强不息。”意指君子应发奋图强、勇于拼搏、永不停息。顾炎武在《日知录》中谈道：“天下兴亡，匹夫有责。”意指国家存亡与每个人都息息相关，要求人们以国家兴亡为己任。《论语·里仁》中讲：“君子喻于义，小人喻于利。”要求人们加强自身道德修养，以德修身。《论语·述而》中讲：“君子坦荡荡，小人长戚戚。”要求人们在待人接物时懂得包容，以宽厚胸怀承载万物。《论语·子路》中讲：“言必信，行必果。”强调做人讲求信用，答应别人的事要办到。《论语·为政》中讲：“人而无信，不知其可也。大车无輗，小车无軏，其何以行之哉？”说明了“诚信”的重要性。《孟子·离娄下》中讲：“仁者爱人，有礼者敬人。”指仁者是充满慈爱之心，满怀爱意的人。《孟子·公孙丑上》中讲：“取诸人以为善，是与人为善者也。故君子莫大乎与人为善。”指要待人善良、乐于助人。这些优秀传统文化在社会主义核心价值观有关公民层面的论述中得到了充分的体现。

综合以上内容分析，中华优秀传统文化所反映的民族精神、文化理念和价值追求在当今仍有借鉴价值和意义。因此，准确认识社会主义核心价值观充分体现了对中华优秀传统文化的继承和升华，社会主义核心价值观是在吸收中华优秀传统文化丰富营养的基础上逐步发展和完善的，是中华优秀传统文化在现代社会的延续，二者在内在上是统一的。

中华优秀传统文化是社会主义核心价值观的深厚沃土，离开优秀传统文化的滋养，社会主义核心价值观将变成无源之水、无本之木。正如习近平总书记在党的二十大报告中指出的，中华优秀传统文化“蕴含的天下为公、民为邦本、为政以德、革故鼎新、任人唯贤、天人合一、自强不息、厚德载物、讲信修睦、亲仁善邻等，是中国人民在长期生产生活中积累的宇宙观、天下观、社会观、道德观的重要体现，同科学社会主义价值观主张具有高度契合性”。习近平总书记又强调：“中华优秀传统文化已经成为中华民族的基因，植根在中国人内心，潜移默化影响着中国人的思想方式和行为方式。今天，我们提倡和弘扬社会主义核心价值观，必须从中汲取丰富营养，否则就不会有生命力和影响力。”

所以，提倡和弘扬社会主义核心价值观，必须正确认识中华优秀传统文化与社会主义核心价值观的关系，营造易于落地践行的生活情景和社会氛围，促进价值观念从“理论形态”向“生活形态”的转换，真正做到日常化、具体化、形象化、生活化，要对中华优秀传统文化的内涵加以补充、拓展、完善，使之成为滋养社会主义核心价值观的重要源泉，成为把全社会的意志和力量凝聚起来的共同精神纽带。

3. 中华优秀传统文化在学校教育中的现有实践路径

中华优秀传统文化积淀着中华民族最深沉的精神追求，是中华民族走向伟大复兴、实现中国梦的重要思想支撑。党和国家高度重视中华优秀传统文化的传承与弘扬，出台了系列政策文件，明确指出中华优秀传统文化教育在传承发展优秀传统文化中的重要作用。

（1）中华优秀传统文化的传承与教育的关系

中华优秀传统文化教育是传承发展传统文化最有效的路径。中华优秀传统文化的传承与教育，相辅相成、互动更生。2017 年，中共中央办公厅、国务院办公厅印发《关于实施中华优秀传统文化传承发展工程的意见》，提出以“研究阐发、教育普及、保护传承、创新发展、传播交流”等五方面协同推进作为构建中华优秀传统文化传承发展体系的主要途径。2021 年，教育部为落实中共中央传承发展中华优秀传统文化工作精神，印发《中华优秀传统文化进中小学课程教材指南》，阐明了中华优秀传统文化进中小学课程教材的主题内容、形式等。中华优秀传统文化教育作为传承发展中华优秀传统文化的重要途径之一，为中华优秀传统文化传承体系的建构提供了要素的积累和支撑。中华优秀传统文化教育的深化可以反哺中华优秀传统文化传承体系的建立健全，中华优秀传统文化传承工作的深入推进又可进一步促进中华优秀传统文化教育的深化。

（2）中华优秀传统文化在传承与教育上的不同点

中华优秀传统文化传承与中华优秀传统文化教育在目标、内容和途径上存在着显著的不同。

就目标层面而言，中华优秀传统文化传承是在理性分析传统文化的基础上，扬弃传统文化中的糟粕，让传统文化精华得以有效地延续，并创造发展出新的民族文化。中华优秀传统文化教育归属学校教育，以

“培养德智体美劳全面发展的社会主义事业的建设者和接班人”为宗旨，教育引导青少年学生更加全面准确地认识中华民族的历史传统、文化积淀，实现中华优秀传统文化的铸魂育人功能。

就内容层面而言，中华优秀传统文化的传承进行着群体社会中各种文化要素的交接，包括物质文化和精神文化，如民族精神、民族艺术、文化符号、节日习俗等。传统文化的传承内容体系是从文化积淀形成的文化层平铺横面来构建，呈现出显著的群体性和全面性。中华优秀传统文化教育是以国家育人目标为导向的传统文化教育，包括传统文化知识和民族精神教育，如文字、文学知识、历史知识、人文精神、传统美德等。中华优秀传统文化教育内容体系是以主题为纲，纵向深耕传统文化要素内容，呈现出明显的散点性和内部系统性。

就途径方式层面而言，中华优秀传统文化以物化的经典文献、文化物品等形式存在和延续，又以民族价值观念、伦理道德、思维方式等形式存在和延续。传承中华优秀传统文化的途径具有多样性，如民间传承、学校教育、社会宣传等多维度的传承方式。而中华优秀传统文化教育主要依托学校教育体系，通过学校课程、教材、教学途径进行传统文化的教育，其方式路径更具明显的特定性。

因此，中华优秀传统文化教育不仅要与传统文化传承的内在体系相符，更应是一个中华优秀传统文化传承与现代学科教育合理融合的学理体系，在充分发挥中华优秀传统文化立德树人使命的同时，增强青少年学生对中华优秀传统文化的整体认知。因此，中华优秀传统文化教育需要在立德树人的统领下，以德智体美劳全面发展为目标，以中华优秀传统文化育人功能为主题，构建更具系统性和体系性的主题要素，引导学生更加全面准确地认识理解中华优秀传统文化。

综上，借鉴文献理论，本课题的研究切入应基于中华优秀传统文化教育自身的定位，结合优秀传统文化本体研究的成果，重点需要厘清符合新时代教育需求、合乎教育规律和更具操作性的内容选择标准，为回答中华优秀传统文化教育“教什么”的问题提供理论依据和实践依据。在中华优秀传统内容的选择上要关注两个方面的内容。

一是以德智体美劳为目标择选优秀传统文化内容。中华优秀传统文化是中华民族五千多年历史文化的积淀，蕴含着丰富的价值和道德理念。党的十八大以来，习近平总书记从中华民族伟大复兴战略全局的高度，强调把立德树人作为教育的根本任务，提出培养德智体美劳全面发展的社会主义建设者和接班人。德智体美劳全面发展作为新时代党和国家的教育方针，对落实立德树人提出了新的更高要求，体现了国家发展需要与个体成长要求辩证统一。因此，中华优秀传统文化教育必须与新时代的国家育人目标相契合，中华优秀传统文化教育的内容应在立德树人的统领下，以德智体美劳为目标维度进行选择，让中华民族文化基因在广大青少年心中生根发芽，培养出担负民族复兴的时代新人。

二是以传统文化主题要素为经纬架构优秀传统文化内容。中华优秀传统文化教育内容整体呈现散点分布的特点，需以教育主题为纲进行横向建构。自 2014 年以来，教育部印发的中华优秀传统文化教育政策文件，均采取主题与要素结合的方式架构优秀传统文化教育的主要内容。从教育内容主题角度看，如《完善中华优秀传统文化教育指导纲要》提出的“家国情怀教育、社会关爱教育和人格修养教育”；从传统文化内容主题角度看，如《中华优秀传统文化进中小学课程教材指南》提出的

“核心思想理念、中华人文精神、中华传统美德”要素概念。前者明确了中华优秀传统文化教育进行哪些方面的主题教育，确定了优秀传统文化教育内容的“纲”；后者落实了中华优秀传统文化教育主题包含的要素，细化了优秀传统文化教育内容的“目”。主题要素指标为优秀传统文化教育内容的选择和评价提供了可操作的着力点，为深化中华优秀传统文化进中小学课程教材提供了直接依据。因此，采取教育主题与传统文化要素的结合，构筑中华优秀传统文化教育的内容体系，才能精准揭示中华优秀传统文化教育内容的育人立意。

（二）调查研究法

在聚焦立德树人的根本任务，推进和实施中华优秀文化的传承和发展上，学校、教师是责任主体和实施主体，家校社共育共建是有效的载体。经过近年来的推广与实施，闵行区中小学关于开展传统文化教育取得了一定的成效，面对国家和上海全面倡导和深入推进中华优秀传统文化教育的新背景、新要求，对闵行区中小学传统文化教育现状进行深入的调查研究，开展区域传统文化教育的现状分析，进行提升教育实效的路径探索，是保证中华优秀传统文化教育实践落地、落实的关键。

1. 情况概述

本项调研从 2018 年 11 月开始，采用编制的工具《闵行区非遗及传统文化传承现状调查问卷》，对闵行区中小学学生、校领导、德育干部以及学生家长进行非遗及传统文化教育实施现状的抽样调查，并结合不同学段、不同对象交叉对比调查与分析的方式，综合了解非遗及传统文化在学校的普及发展现状，了解学校领导的重视程度、相关老师的实施力度、学生的看法与参与度，以及学生家庭的支持度等情况，为闵行区开展传统文化教育提供理论与实践依据，为今后更深入的实施提供有效建议。

2. 问卷思路

为使调查结果更真实、有效，问卷编制遵循以下步骤：根据研究需要，查阅相关文献资料，结合闵行区开展传统文化教育实践的基础，研究制订非遗及传统文化传承现状的主要内容；初步确定问卷题目后，开展部分学校的领导、德育干部、学生座谈会，对调研内容进行沟通，以确保问卷的有效性；问卷初步成型后，选取一个学校的领导、德育干部、小学生、中学生、家长进行调查问卷的试测，最终形成问卷。最终调研问卷以闵行区中小学生为主要调研对象，结合校领导、德育干部及家长人群进行了一次全面系统的问卷调查。

3. 问卷内容构成

问卷以调查闵行区的非遗及传承现状为主题，调查内容从对中国传统文化的认识与看法，由表及里、由浅及深，问题设置贴近调查对象个人经历经验，整体问卷上下连贯，中心明确，确保了调查结果真实可信且具有研究价值。

具体题目根据五种不同人群的社会角色及年龄分级产生五套题目，各包括 30 道左右题目，主要内容囊括三个主要板块：对传统文化及非遗的认识和了解、对传统文化及非遗传承现状的看法，以及学校对传统文化及非遗的传播与教育。每套题目设置面向不同调查人群进行了针对性调整，每一个板块的题目以调查对象个人实际经历推及对问题或事件的看法与体会，以得出全面可信的调查结果。五套题目主题统一又各具特色，既可以作为一个完整的调查结果进行统一分析，又能各自单独作为分析样本提供有效信息。

4. 调查对象

正式调查的研究对象来自上海市闵行区区域内中小学校，调查对象涉及学校领导、学校德育干部、小学生、中学生以及学生家长。

（1）校领导

中华传统文化教育的推动者在学校课程设置、活动组织、师资配置、条件创设等方面的情况，作为学校的领导者，其见地、管理方式直接影响传统文化在学校的实施。

（2）学校德育干部

作为中华民族传统文化教育在学校的实施者，在活动开展、具体实施、方向把控等方面都起到关键的作用。

（3）学生

学生是获取者和受益者，他们作为参与者的真实体验，在整个传统文化教育中起到决定性作用。

（4）家长

家长作为协同育人者，对于项目的重视与配合度，直接影响学生的认知与参与度。

本次调研是在闵行区中小学校中随机抽取样本，收到有效样本 111964 份。从有效样本分布情况看，学生和家长答卷率比较高，数据可信度更高。作为传统文化教育的实施者，根据校领导和德育干部分角色一校各一人答卷要求，德育干部的有效样本占比数偏低，一定程度上会影响分析，但样本绝对数达到 362 份，仍然有效。

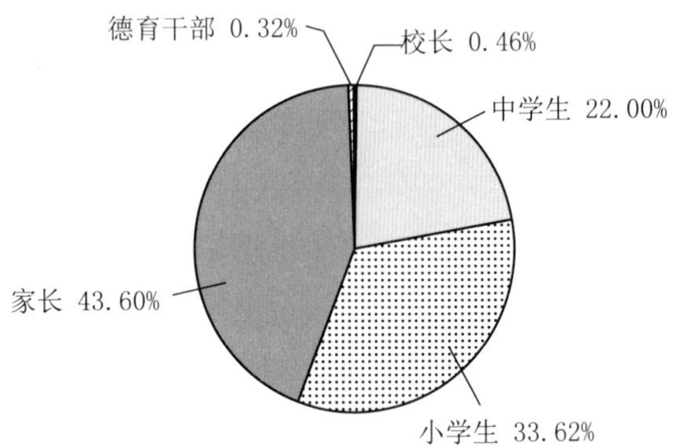

图 2-2　闵行区非遗及传统文化传承现状调查对象情况

5. 调研结果

（1）对传统文化及非遗的认识和了解（以对传统文化的认知情况为例）

① 就学校领导层面而言，作为学校教育的领头人，在传统文化的认知上有较高的个人素养，其认知包括传统文化本体、传统文化所展现的领域、传统文化的传承方式，以及发展中遇到的困境这四个方面。但是校领导对传统文化的感知领域主要在传统道德和传统习俗上，合计占比达 65%，而对传统文学、艺术感知度较低，这一定程度上会影响校领导的“一校一品”项目选择。从学校领导选择的传统文化传承方式看，趋同性很高，与目前各学校开展的传统文化教育项目实施途径很吻合。对校领导在传统文化认知方面的学习必要性进行分析后发现，校领导们

普遍认为传统文化博大精深、源远流长，对当前的中国有着方方面面的影响，应该继承与发扬，与社会主义核心价值观有着非常紧密的联系，在外国节日风靡的环境中中国节日是不可缺失的，将传统节日定为法定节假日也是非常有必要的。在认可传承与发展的同时也有一部分校领导认为传统文化与传统美德需要有选择地、有改进地继承。当然，我们也会看到，在对传统美德的价值取向上，有部分校领导认为影响力和作用正在减弱，这一方面可以解读为一种忧虑，但另一方面也可以解读为放弃，比如在“您对于外国节日风靡中国的看法”问题上，无所谓选项有9.1%，这是一个需要重视的问题，因为校领导的教育观、文化观直接影响到其对国家办学方针的执行，影响到培养人的问题。结合校领导个人素养和学习必要性的认识分析，总体上看，校领导对传统文化本身是有信心的，在有信心的同时也对传统文化受到外来文化影响而有所衰弱的现状有清醒的认识。其中传统节假日的存在对人们价值观的塑造是非常有意义的。

② 就学校德育干部层面而言，对德育干部在传统文化认知方面的个人素养进行分析，发现总体上与校领导的选项情况一致，在对传统文化的了解方面，如对中国传统节日的来源与风俗有超过 2/3 的人比较了解，其中有 1/3 的人能达到十分了解，在传统文化的有效传承方式及传统文化所展现的领域方面，一致认可的是传统节日与传统习俗。发展中遇到的问题主要是社会经济发展带来的价值观改变。对德育干部在传统文化认知方面的学习必要性进行分析，发现德育干部对传统文化基本持有应继承与发扬的态度，认为传统文化对当前中国社会方方面面仍有重要影响，并与社会主义核心价值观有紧密关系，对于传统美德应一脉相

承，节日要中外结合，中国传统节日的存在对于思想价值观的塑造具有重要意义。同时也有部分德育干部认识到传统文化对当前中国社会的作用正在减弱，而关于传统文化与传统美德，也有一部分德育干部认为要有选择地接受，在有些方面上需要有所改进。5.8% 的德育干部对过外国节日持无所谓态度，或赞同过外国节日，这无疑会影响他们推行中华传统文化的力度，需要引起重视。结合德育干部个人素养和学习必要性的认识分析，德育干部对传统文化受到外来文化影响有所减弱的现状有清醒的认识，但对传统文化本身还是有信心的，并认为传统节假日的存在对人们价值观的塑造是非常有意义的。

③ 就家长层面而言，对家长在传统文化认知方面的个人素养进行分析，发现家长对传统文化的了解方面，在对中国传统节日的来源与风俗上，约一半的人比较了解，其中小部分能达到十分了解。在传统文化的有效传承方式及传统文化所展现的领域方面，一致认可的是传统节日与传统习俗。发展中遇到的困境主要是价值观的改变。对家长在传统文化认知方面的学习必要性进行分析，发现家长们普遍认为传统文化博大精深、源远流长，对当前的中国有着方方面面的影响，应该继承与发扬，与社会主义核心价值观有着非常紧密的联系，在外国节日风靡的环境中中国节日是不可缺失的，将传统节日定为法定节假日也是非常有必要的。在认可传承与发展的同时也有一部分家长认为传统文化与传统美德需要有选择地、有改进地继承。家长对过外国节日持无所谓或赞同态度的比例，要略高于校领导和德育干部，这符合实际情况，一定程度上也反映出学校德育在家庭生活中会遇到阻力。结合家长个人素养和学习必要性的认识分析，家长对传统文化受到外来文化影响有所减弱的现状

有清醒的认识，但对传统文化本身还是有信心的，认为传统节假日的存在对人们价值观的塑造是非常有意义的。

④ 就中学生层面而言，对中学生在传统文化认知方面的个人素养进行分析，发现在对传统文化的了解方面，在对中国传统节日的来源与风俗上，一多半中学生认为自己是比较了解的，约 1/5 认为自己非常了解。普遍认为中国优秀文化对如今的生活影响还是很大的，包括日常生活、精神素养。这反映出中学生对传统文化的整体认知度很高，这与学校领导长期以来积极推行传统文化教育是分不开的，也是未来持续开展传统文化教育的重要基础。对中学生在传统文化认知方面的学习必要性进行分析，发现中学生普遍认为传统文化博大精深、源远流长，对当前的中国有着方方面面的影响，应该继承与发扬，例如，把《西游记》翻译成各国文字进行传播是有必要的，在人工智能的环境下也需要保留中国传统的手工技艺。在认可传承与发展的同时也有中学生认为传统文化与传统美德需要有选择地、有改进地继承。

结合中学生个人素养和学习必要性的认识分析，发现中学生对传统文化本身是热爱、拥护并且有信心的。

⑤ 就小学生层面而言，对小学生在传统文化认知方面的个人素养进行分析，发现绝大多数小学生在对传统文化的认为了解部分，不了解占比要比中学生高，这与小学生的年龄和阅历有很大关系，其中对中国传统节日的来源与风俗，比较了解的人不到一半。小学生普遍认为中国优秀文化对如今的生活影响还是很大的，包括日常生活、精神素养。对小学生在传统文化认知方面的学习必要性进行分析，发现小学生也普遍认为传统文化博大精深、源远流长，对当前的中国有着方方面面的影

响，应该继承与发扬，把《西游记》翻译成各国文字进行传播是有必要的，在人工智能的环境下也需要保留中国传统的手工技艺。在认可传承与发展的同时也有中学生认为传统文化与传统美德需要有选择地、有改进地继承。

结合小学生个人素养和学习必要性的认识分析，发现小学生对传统文化本身是热爱、拥护并且有信心的。

（2）对传统文化及非遗传承现状的看法（仅以对传统文化体验的数据情况为例）

① 对学校领导在学生传统文化体验方面进行分析，发现学校领导认为现阶段对孩子影响更大的还是中国传统文化，学生们会很乐意参加春节、清明节、中秋节等传统节日活动，对于能否在学生中将传统文化传播下去，校领导非常有信心。后面两个问题选项中都有 10% 左右的负向选项，这表明该部分的校领导在认识学生对传统文化接受度上信心不足。

② 对德育干部在传统文化体验方面进行分析，发现德育干部如今感受到的传统节日气氛不是很浓。对于学生，德育干部认为现阶段对孩子影响更大的还是中国传统文化，学生们会很乐意参加春节、清明节、中秋节等传统节日活动，对于能否在学生中将传统文化传播下去，德育干部比校领导更有信心，这与他们在一线工作的实际感受有关。德育干部会通过多种方式了解传统文化，最主要的是日常生活积累以及网络、电视等媒体传播。“以前在校学习”这一因素位居前三，正好说明了学生时代学校传统文化教育给这些德育干部留下的印象会非常深刻，因此，加强对学生的传统文化教育是非常必要的。

③ 对家长在传统文化体验方面进行分析，发现家长如今感受到的传统节日气氛不是很浓。对于学生，家长认为现阶段对孩子影响更大的还是中国传统文化，学生们会很乐意参加春节、清明节、中秋节等传统节日活动，可能因为这类节日更多是以家庭形式开展的，家长的感受最真实。对于能否在学生中将传统文化传播下去，家长也非常有信心。家长会从孩子口中了解学校传统文化教育的情况，这印证了学校开展传统文化教育比较普及，频次也较高。家长会通过多种方式了解传统文化，最主要的是日常生活积累以及网络、电视等媒体传播，曾经就学时受到的传统文化教育同样让家长记忆犹新。

④ 对中学生在传统文化体验方面进行分析，发现中学生对传统文化的兴趣远大于外国文化，相比圣诞节，他们更喜欢过春节，他们乐于体验传统节日，乐于学习传统文化，比如传统手工艺、美术作品、文学作品等，也乐于通过传统节日完成对传承文化的传承。对现在影视剧创新改变我国古典文学作品的态度，他们是赞成的，但不同意胡编乱造，对于未来从事传统文化工作的职业规划，有兴趣的学生占 47.1%，因为职业趋向离散度很高，而有这么高比例的学生未来有传统文化工作趋向，可见当下学校传统文化教育对他们的影响还是很大的。半数中学生每周会自主阅读一两次传统文化知识，从周频次上看，应该不算很高，这可能一方面与他们紧张的学业有关，另一方面与材料的可读性有关。他们了解传统文化的途径主要是在校学习，此外还有网络、电视等媒体传播，课外阅读以及家庭教育，应该说途径还是非常广泛的，这与信息时代发达的传播媒介有关。在对学校传播传统文化教育功能的认识上，学生中有非常多的人认同学校组织的活动。如果自修课可以选择，相比

中考、高考学科，他们更愿意上传统文化课。

⑤ 对小学生在传统文化体验方面进行分析，发现小学生对传统文化的兴趣远大于外国文化，相比圣诞节，他们更喜欢过春节，比例略高于中学生，他们乐于体验传统节日，乐于学习传统文化，传统手工艺是首选，这与他们的年龄有关，其次美术作品，文学作品等也较受欢迎，他们也乐于通过传统节日完成对传承文化的传承。认为改编的我国古典著作及历史剧如《功夫之王》《三国之见龙卸甲》、韩日版《西游记》漫画等，能够引发他们了解原版著作的兴趣。半数小学生每周会自主阅读一两次传统文化知识，与中学生相仿。他们了解传统文化主要是通过在校学习，此外还有课外阅读，网络、电视等媒体传播以及家庭教育。如果自修课可以选择，相比语数外，他们也更愿意上传统文化课。学校组织的传统文化教育活动也得到了他们的广泛认同。

（3）对传统文化及非遗的传播与教育（以学校实施情况数据分析为例）

对校领导在开展学校传统文化教育实践方面的责任担当进行分析：41.9% 的校领导认为学校传播传统文化的责任主要在自己，这是正确的，因为传统文化教育是重要的学校德育课程，校领导是课程的制定者和执行者，责无旁贷。30.4% 的校领导认为主责任不在自己，这是认识上的偏差，他们需要提高认识。校领导对传统文化教育推动校本德育特色创建这一点，还是非常认同的，但是在教师层面开展全员性传统文化教育培训方面做得还是比较欠缺，这在一定程度上会影响协同育人的质量。校领导认为在中小学推广中国传统文化教育的重点在于传统美德教育，其次是传统文学学习、传统习俗学习、传统技艺学习。教育形式应以开展多种类的文化兴趣技能实践为主，其次是手工兴趣课，然后是讲座以及校外教育，这都比较符合学校教育实际。校领导们所在的学校在校园环境的营造上几乎都有传统文化方面的体现，学校老师对传统文化教育也很重视，开设了多种课程以及讲座供学生了解传统文化。这可以看出近年来闵行区教育局在中小学大力推进传统文化教育取得的成效。超过一半的学校会举办外国节日活动，这个问题需要辩证的认识，传统文化节日应该成为学校文化活动中的主流节日，但是一些有利于学生拓展国际视野的外国节日，也是可以有选择地举办的，但对活动的主题要定位准确，活动的形式要去娱乐化。校领导所在的学校每年开设的传统文化活动主题主要来自教育部统一布置，学校主动设立主题开展的传统文化活动也不少，这是一个比较好的现象。91.7% 的学校每学期会自主举办传统文化主题活动，无论是 1—2 次，还是 5 次以上，都是结合了学校实际情况在开展，这也是一个非常好的现象。校领导所在的学校在传统文化教育课程开设中遇到的困难主要是配套内容不够，其次是硬件设施不足，配套资金不够，课时时间不够；再有就是师资条件不够，学生热情度不高等其他问题。学校非常需要借助社会文化资源平台，这说明在保障条件创设上，无论是教育局，还是基层学校都有进一步改善的空间。

德育干部认为在中小学推广中国传统文化教育的重点在于传统美德教育，其次是传统习俗学习、传统文学学习、传统技艺学习。教育形式应以开展多种类的文化兴趣技能实践为主，其次是手工兴趣课，然后是校外教育以及讲座。这都与校领导的回答相仿。德育干部所在的学校，在校园环境的营造上几乎都有传统文化方面的体现，有很多体现的超过了 2/3，远高于校领导的回答。而学校老师对传统文化教育也很重视，开设了多种课程以及讲座供学生了解传统文化。超过一半的学校不会举办外国节日活动，这比校领导的回答占比要高。可能德育干部的回答更可信，因为他们在一线工作，这类活动是否举办，受他们控制。分析德育干部所在的学校每年开设的传统文化活动主题，发现其主要来自教育局统一布置，与校领导的回答相仿，但是由学校德育部门自行制定这一回答的比例要远高于校领导，学校每学期开展全校性主题活动的次数，也远高于校领导的回答，通过前面的分析可以看出，德育干部的回答更可信，这提醒了校领导们，应该更深入德育一线，更多参与才会有更多感受。

对家长在传统文化教育实践方面的责任担当进行分析，发现一半家长认为对孩子进行传统文化教育的责任主要在学校，很少有家长认为责任在自己，这说明家长对协同育人的认识还是不够的。多数家长认为孩子所在的学校，在环境营造上有一些传统文化的体现，但比学校的校领导和德育干部的认识要低，这主要是家长不经常到校，感受度会小一点。家长也感受到学校对传统文化教育比较重视，会举办一些传统文化的讲座，超过一半的学校会举办外国节日活动。其中有将近一半的家长参加过学校举办的传统文化活动，这也印证了闵行区中小学开展传统文化教育的广泛性。多数家长会对孩子进行传统文化教育，相当一部分家长会经常性开展教育。家长教育主要通过节日气氛的营造、传统习俗的坚守、旅游参观等途径进行，侧重点主要在传统美德教育、传统习俗学习、传统文学学习、传统技艺学习这些方面。关于对孩子进行传统文化教育，多数家长的全家态度是很一致的。

超过一半的中学生所在的学校会经常宣传传统文化保护，对传统文化十分重视，开设了多种课程供学生了解传统文化，超过 3/4 的学校开设了中国传统文化课、兴趣班。中国传统文化课的主要形式以文化讲座为主，也有技艺培训与少量外出实地考察。对于学校的传统文化教育课，中学生最喜欢实地探究和学校内兴趣类互动课程。中学生在参与学校中国传统文化课程中遇到的最主要的问题是课时时间不够，其次还有课程形式太过单一，缺少动手环节，课程内容不够有吸引力这样的问题。基本上与中学生的回答相符。

超过一半的小学生所在的学校会经常宣传传统文化保护，对传统文化十分重视，开设了多种课程供学生了解传统文化，超过 3/4 的学校开设了中国传统文化课、兴趣班。中国传统文化课的主要形式以文化讲座为主，也有技艺培训与少量外出实地考察。对于学校传统文化教育课的体验，小学生与中学生的感受比较一致。

通过对以上数据进行相关分析，归纳了解当前闵行区中华优秀传统文化的实践现状和存在问题，得出调研结果，形成了《闵行区传统文化教育现状白皮书》，为进一步深化区域推进中华优秀传统文化育人提供行动方向、方法和策略。

（三）行动研究法

党的十八大报告中指出：“建设优秀文化传承体系，弘扬中华优秀传统文化。”之后，有关中华优秀传统文化的教育举措不断落地。2014 年，《完善中华优秀传统文化教育指导纲要》对中华优秀传统文化教育做出全面部署；2017 年，《关于实施中华优秀传统文化传承发展工程的意见》强调要将中华优秀传统文化教育“贯穿国民教育始终”，并对中华传统文化进校园做了详细规划，要求紧紧围绕立德树人的根本任务，遵循学生的认知规律和教育教学规律，坚持文化传承一体化、有序推时的原则，在学科教学、社会实践等各个方面和环节全方位地融入中华优秀传统文化。2021 年，教育部印发《中华优秀传统文化进中小学课程教材指南》(以下简称“《指南》”)，这是教育部首次对中小学课程教材如何有效落实中华优秀传统文化教育进行顶层设计，确定了“3+2+N”全科覆盖的学科功能安排，对于充分发挥中小学课程教材承载的中华优秀传统文化教育功能具有重要战略意义。2022 年 4 月，教育部颁布了新版义务教育阶段各学科课程标准(以下简称“新课标”)。新课标是在《指南》基础上，秉承落实立德树人根本任务的指导思想，将中华优秀传统文化融入课程标准的首次尝试，突出了在义务教育阶段对学生进行中华优秀传统文化的渗透与熏陶，明确提出“将中华优秀传统文化有机融入课程”的要求，各学科课程标准也在课程内容、教学建议中做了充分且清晰的设计与呈现。

基于这样的背景，区域层面整体设计和推进传统文化教育，整合区域优势资源，发挥区域合力，能更为有效地促进学校传统文化教育的深入开展。根据区域调研实际情况所反映的问题与不足，闵行区正式出台了《闵行区中小学中华优秀传统文化教育指导意见》，对区域层面开展中华优秀传统文化教育进行了系统设计和规划，以“六进”为抓手，即“进研究、进课程、进活动、进实践、进队伍、进评价”，全方位提升闵行区中小学中华优秀传统文化教育的水平，推进中华优秀传统文化教育落细、落小、落实的工作经验。依据此文件，在前期实践的基础上，课题组对闵行区中小学中华优秀传统文化育人的实践路径从课程建设、活动开展、资源整合、项目推进、项目评价五个方面进行顶层设计与整体规划，通过“立足需求，推进传统文化教育课程化”“队伍培养，提升区域中华优秀传统文化教育软实力”“项目引领，总结梳理传统文化教育教学模式”等策略，大力推进传统文化教育教材的研发和整合、传统文化主题教育的融合、传统文化教育资源的共享联动、项目引领与评价以及师资队伍整体水平的提升。

1. 立足需求，推进传统文化教育课程化

课程教材作为中华优秀传统文化教育的主渠道，在传承发展中华优秀传统文化中发挥着不可替代的作用。近年来，中华优秀传统文化在中小学课程教材中的分量逐步增加，取得了长足进展。但在某些方面，中华优秀传统文化仍存在被简单“塞进”“补进”“加进”等现象，未能有机“融入”现有教育体系，有些内容安排也呈现出碎片化、系统性不足等倾向。究其原因，一是中华优秀传统文化教育的基础性学理阐释仍待完善，二是融入课程教材的中华优秀传统文化标准体系有待建立健全。

因此，针对区域调研显示的教学内容系统性不足、实用性不强等问题，组建专家团队和相关教师，在 2019 年编写了《传统文化读本（闵行卷）》；在此基础上，实施“主题为依托、发展分层次、课型多样化”的区域传统文化教育课程化建设模式，分层分类推动，加快传统文化教育与学校整体课程建设的融合。

“主题为依托”即以“阅中华・悦成长”为主题脉络，引导并鼓励学校依据学情整合优质资源，根据不同学段、不同年级学生的发展需

要，确定传统文化教育的系统课程内容。

“发展分层次”即分层分类推进，从梳理校本课程和实践活动入手，搭建起各具特色的校本传统文化课程及课程群，从而加快传统文化教育课程与学校整体课程的有机融合。一是引导学校以校本选修或必修的方式，开设传统文化教育课程，进入课表，保证课时；二是通过社团活动开展各种传统文化项目的体验活动，让学生在审美体验中培育品格；三是通过组织研学实践等活动，促进学生学以致用，知行合一，让学生能够以各种方式得到传统文化的浸润。

“课型多样化”即多样课型结合，满足不同学生的发展需求。加强区域指导，制定传统文化在“三类课程”中加强建设的分学段内容和不同课程实施模式，明确各学段传统文化教育总目标，引导学校以学科渗透的方式，在学科教学中有序融入传统文化，并延展到校外，形成主题类的实践课程。

2. 队伍培养，提升区域中华优秀传统文化教育软实力

一方面启动中小学教师中华优秀传统文化教育课程领导力培训，为中小学教师做专题讲座和系列培训，制定专门培训课程，让教师深入理解我国传统文化内涵，为传统文化教育的开展打造良好的师资软实力。通过专家团队引领和学校自主实践相结合的模式，整合中华优秀传统文化的教学内容，加强非遗老师团队的培养力度，鼓励学校积极探索与校情、学情相符的切实有效的中华优秀传统文化教育模式。另一方面，通过非遗教师、非遗学生、非遗家庭的评选，以点带面带动更多的人参与中华优秀传统文化教育实践。并通过家校合作、校企合作等形式，邀请特长教师、家长志愿者、社区非遗传承人等担任拓展课、探究课中的传统文化“课程导师”，建立“家校社”的联建共建机制，将丰富的非遗项目引进校园。

3. 项目引领，形成区本传统文化教育教学特式

目前闵行区在传统文化教育课程群建设方面已涌现出一批特色鲜明、课程实效性明显的传统文化教育课程。例如，虹桥中心小学水墨扇面计入课表，一学期 16 课时；基地附中古典益智玩具基础课每周 1 节；实验西校布堆画列入学校三大课程的整体框架之中，六、七年级每班每周 1 节；文来实验学校将“皮影 +”传统文化教育以三类课程形式全面实施，已有初中 15 门基础型学科、小学 10 门学科在实施；田园外小 100% 的学生参与京剧基础型课程学习，音乐课上“唱京剧、听名段”，美术课上“画脸谱”，体育课和形体课上“练身段”，信息技术课上查资料、制作京剧小报等，全方位引导学生了解京剧、热爱京剧。学校的课程评价反馈表显示，传统文化课程的开设开拓了学生视野，增强了学生对传统文化的自信，提升了学生的文化自省能力。

与此同时，开展各类传统文化主题活动和项目，推进传统文化教育的普及与提升。比如，以“我们的节日”为载体，从“了解传统节日、体验传统习俗和参加节日文化活动”三个环节入手，精心设计、开展各类基于日常生活、基于真实体验的朴实而又生动的传统节日教育（系列活动）。在全区每一年推进的“我们的节日”进校园活动中，形成了颛桥小学“颛小鼓娃过节”系列，汽轮小学、区实验小学、明强小学的“校园四季”系列，航华一小的“话香囊、闻香囊、舞香囊、做香囊、

创香囊”过好端午节等系列节日品牌活动。各校以主题教育活动单的形式，开展了各具特色的、系列化的“我们的节日”主题教育活动。又如，闵行区教育局与区文明办、区文广局、上海教育报刊总社、上海书法家协会、艺术协同中心、下午专业机构和团队等单位联合开展各类主题活动，在各类活动中让优秀传统文化怡情养志，以美育德。

综上，在前期调查研究的基础上，建立区本工作机制、开展实践路径的顶层设计，为课题的实施与推进指明了方向，拓展了实践思路，也为后续形成中华优秀传统文化教育的长效机制奠定了基础。

第三章

闵行区中小学中华优秀传统文化教育实践的现状分析

传统的民族文化只有与新思想、新理念碰撞，才能焕发出蓬勃的生机，民族文化传承教育一直与加强未成年人思想道德建设、校园文化建设紧密相连。2017 年 8 月 17 日，教育部正式发布了《中小学德育工作指南》，明确指出："开展家国情怀教育、社会关爱教育和人格修养教育，传承发展中华优秀传统文化，大力弘扬核心思想理念、中华传统美德、中华人文精神，引导学生了解中华优秀传统文化的历史渊源、发展脉络、精神内涵，增强文化自觉和文化自信。"这是中小学德育的重要内容，并通过课程育人、文化育人、活动育人、实践育人、管理育人和协同育人等途径加以实施。

从国家层面来说，党和国家历来高度重视传统文化的教育和传承问题，在《中国教育改革和发展纲要》（1993 年）中就指出"要重视对学生进行中国优秀文化传统教育"。2001 年，在《国务院关于基础教育改革与发展的决定》中再次强调教育内容要"继承和发扬中华民族的优秀传统",使学生具有"人文素养"并"养成健康的审美情趣"。在党的十七大报告中明确指出:"中华文化是中华民族生生不息、团结奋进的不竭动力。"党的十八大更是把传统文化上升到体系的高度,强调"建设优秀传统文化传承体系,弘扬中华优秀传统文化"。近年来,传统文化教育更是被提高到坚持文化自信的高度,激发党和人民对中华优秀传统文化的历史自豪感,在全社会形成对社会主义核心价值观的普遍共识和价值认同。习近平总书记于 2013 年 8 月 19 日在全国宣传思想工作会议上指出:"中华民族创造了源远流长的中华文化,中华民族也一定能够创造出中华文化新的辉煌。独特的文化传统,独特的历史命运,独特的基本国情,注定了我们必然要走适合自己特点的发展道路。对我国传统文化,对国外的东西,要坚持古为今用、洋为中用,去粗取精、去伪存真,经过科学的扬弃后使之为我所用。"教育部在许多文件中呼吁学校针对中小学生要加强传统文化的培养,"取其精华,去其糟粕",在中小学的日常教育中,我们应该注意传统文化的传承,不能只顾"流行文化",而忽视了传统文化。因而,必须强化传统文化在学校中的传承与传播,真正实行推进中华优秀传统文化的教育,发挥优秀传统文化在引领风尚、教育师生中的重要作用。

从区域层面来说,2017 年,上海市闵行区颁布《关于落实〈关于实施中华优秀传统文化传承发展工程的意见〉的通知》,进一步推进和深化闵行区传统文化的研究阐发、教育普及、保护传承、创新发展和传播交流等工作,培育具有闵行特色的传统文化教育品牌项目。一方面,从 2015 年开始,区域举办"非遗进校园"活动,区内有 4 个学校是上海市非遗传习基地，有皮影、手狮舞、传统服饰、龙文化、沪剧等十几个非遗特色项目。另一方面，闵行区积极推进“传统体育进校园”工作，开展体育传统特色项目学校的评比，有武术、太极等优秀项目。另外，闵行区还组建“闵行区美育特色联盟”，成立了书法、戏剧、舞蹈、版画、乐器、合唱、艺课程等七大联盟，积累了区域开展中华优秀传统教育的实践经验。

从学校层面来说，中小学生是传统文化发展与传承的载体，所以对他们的教育至关重要。因此，将中华优秀传统文化融入学校的教育教学体系，中华文化才能充分发挥文化引领作用，才能更为坚实地推动青少年的文化自觉，形成文化自信，使之成为中华民族伟大复兴的精神力量。推进中华优秀传统文化进校园、进教材、进课堂，首先需要对中华优秀传统文化是什么、教什么、怎么教进行系统而全面的研究。在研究阐发的基础上，讲清楚中华优秀传统文化的核心思想理念、中华传统美德和中华人文精神，才能对大中小学、幼儿园的中华优秀传统文化教育起到推动作用。

综上所述，基于中华优秀传统文化实践的成效，进一步开展调研与分析，有利于进一步使区域传统文化的教育趋于区本化、品牌化。因此，课题组从学生对传统文化的认知、态度情感、接受非遗及传统文化影响的方式与效果，以及校领导与相关老师对传统文化教育的组织实施和家长的反馈等方面收集信息，对闵行区中小学传统文化教育现状进行深入的调查研究和客观的分析与判断，为持续推进该项工作提供科学的依据。

一、结果与分析

本次调研将闵行区中小学生作为主要调查对象，并涵盖了闵行区各中小学校领导、德育干部以及学生家长，问卷调查在网络平台上进行，调查对象通过微信扫描二维码或者登录网址的方式进行作答，课题组做数据统计汇总并进行分析。

（一）关于对传统文化及非物质文化遗产的认识与了解

1. 家、校、生分别对传统文化的认知

（1）校领导对传统文化的认知

表 3-1

调研内容	调研结果占比				
你对传统文化的了解程度如何	十分了解 22.7%	了解部分 65.5%	了解很少或不了解 11.8%		
您定义中的传统文化在哪个领域体现的更多	传统文学 21.9%	传统习俗 34.5%	民间艺术 13.2%	传统道德 30.4%	
您认为有效的传统文化传承方式有哪些【多选】	阅读文化书籍 73.8%	参与传统节日 76.4%	申请非物质文化遗产 49.6%	课堂引进非遗传统文化教育，结合学校艺术教育 63.4%	其他 2.1%
您觉得对中国传统文化的继承和发展影响最大的是	经济社会价值观的改变 53.5%	现代艺术与国外艺术的冲击 9.7%	人们审美标准的改变 10.3%	时代的变迁、流行文化的盛行 24.8%	其他 1.9%

续表

调研内容	调研结果占比				
您怎样看待中国传统文化【多选】	传统文化博大精深，应该传承发扬 89.3%	传统文化有精华有糟粕，我们要有选择 53.5%	传统文化比较深奥，小学生不一定要学 5.4%	在当今时代，传统文化显得过时了，保守了 5.4%	不关心也没什么认识 2.7%
您认为传统文化对当前中国社会的作用是【多选】	很重要，仍然影响到社会的方方面面 84.9%	作用正在减弱 33.3%	作用已经很少，关注的人也越来越少 18.6%	不去关心，不了解 3.5%	
您认为传统美德教育有无可取性?【多选】	有可取性，应该一脉传承 72.1%	有可取性，但有些方面可以有所改进 67.4%	无可取性，应该注重现代的创新，应该向前看 7%	不去关心传统美德 2.9%	
您认为传统文化与社会主义核心价值体系的关系是【多选】	二者一脉相承，内在关系紧密 83.5%	二者在一定程度上有内在关系 45.7%	二者并无多大联系 5.4%		
您对于将传统节日定为法定节假日的看法	对于思想价值观有着很重要的意义 89%	这一行为并无太大意义 7.9%	不关心 3.1%		
您对于外国节日风靡中国的看法	中国节日必须过，外国节日也要过，要中外结合 73.3%	外国节日比较有意思，就过外国节日 21%	为了传播中国文化，要禁止外国文化进入中国 15.5%	无所谓 9.1%	
对于传统文化现状，您认为【多选】	势力很大，要坚信我国的传统文化经久不衰 63.6%	有所减弱，受到外来文化影响，但整体上还能保持 60.9%	大大减弱，禁不起外来文化冲击 8.7%	不了解 3.7%	

由以上表并结合校领导个人素养和学习必要性的认识进行分析，总体上看，校领导对传统文化本身是有信心的，在有信心的同时也对传统文化受到外来文化影响有所减弱的现状有清醒的认识。其中传统节假日的存在对人们价值观的塑造是非常有意义的。

（2）德育干部对传统文化的认知

表 3-2

调研内容	调研结果占比				
你对传统文化的了解程度如何	十分了解 34.0%	了解部分 61.3%	了解很少或不了解 4.7%		
您了解中国传统节日的来源与风俗吗	很了解 18.2%	比较了解 58.8%	一般 21.5%	不了解 1.4%	
您认为有效的传统文化传承方式有哪些【多选】	阅读文化书籍 85.9%	参与传统节日 92%	申请非物质文化遗产 53%	课堂引进非遗传统文化教育，结合学校艺术教育 74.3%	其他 1.1%
您定义中的传统文化在哪个领域体现的更多	传统文学 19.6%	传统习俗 43.4%	民间艺术 15.7%	传统道德 21.3%	
您觉得对中国传统文化的继承和发展影响最大的是	经济社会价值观的改变 46.7%	现代艺术与国外艺术的冲击 14.6%	人们审美标准的改变 8.6%	时代的变迁、流行文化的盛行 29.6%	其他 0.6%
您怎样看待中国传统文化【多选】	传统文化博大精深，应该传承发扬 95%	传统文化有精华有糟粕，我们要有选择 61.9%	传统文化比较深奥，小学生不一定要学 6.4%	在当今时代，传统文化显得过时了，保守了 2.8%	不关心也没什么认识 1.7%

续表

调研内容	调研结果占比				
您认为传统文化对当前中国社会的作用是【多选】	很重要，仍然影响到社会的方方面面 92.5%	作用正在减弱 32.6%	作用已经很少，关注的人也越来越少 6.9%	不去关心，不了解 1.4%	
您认为传统美德教育有无可取性?【多选】	没有可取性，应该一脉传承 81.8%	有可取性，但有些方面可以有所改进 60.8%	无可性，应该注重现代的创新，应该向前看 3.9%	不去关心传统美德 0.8%	
您认为传统文化与社会主义核心价值体系的关系是【多选】	二者一脉相承，内在关系紧密 91.4%	二者在一定程度上有内在关系 40.1%	二者并无多大联系 2.5%		
您对于将传统节日定为法定节假日的看法	对于思想价值观有着很重要的意义 93.1%	这一行为并无太大意义 5.8%	不关心 1.1%		
您对于外国节日风靡中国的看法	中国节日必须过，外国节日也要过，要中外结合 84%	外国节日比较有意思就过外国节日 1.7%	为了传播中国文化，要禁止外国文化进入中国 10.2%	无所谓 4.1%	
对于传统文化现状，您认为【多选】	势力很大，要坚信我国的传统文化经久不衰 60.8%	有所减弱，受到外来文化影响，但整体上还能保持 64.4%	大大减弱，禁不起外来文化冲击 5.2%	不了解 0.6%	

结合德育干部个人素养和学习必要性的认识分析，德育干部对传统文化受到外来文化影响有所减弱的现状有清醒的认识，但对传统文化本身还是有信心的。其中传统节假日的存在对人们价值观的塑造是非常有意义的。

（3）家长对传统文化的认知

表 3-3

调研内容	调研结果占比				
你对传统文化的了解程度如何	十分了解 11.6%	了解部分 79.5%	了解很少或不了解 8.8%		
您了解中国传统节日的来源与风俗吗	很了解 8.3%	比较了解 43.1%	一般 47%	不了解 1.6%	
您认为有效的传统文化传承方式有哪些【多选】	阅读文化书籍 79.6%	参与传统节日 88.1%	申请非物质文化遗产 49.9%	课堂引进非遗传统文化教育，结合学校艺术教育 69.4%	其他 3.9%
您定义中的传统文化在哪个领域体现的更多	传统文学 19.5%	传统习俗 43.3%	民间艺术 15.9%	传统道德 21.3%	
您觉得对中国传统文化的继承和发展影响最大的是	经济社会价值观的改变 51.8%	现代艺术与国外艺术的冲击 12.1%	人们审美标准的改变 8.7%	时代的变迁、流行文化的盛行 26.5%	其他 0.8%
您怎样看待中国传统文化【多选】	传统文化博大精深，应该传承发扬 91.8%	传统文化有精华有糟粕，我们要有选择 61.4%	传统文化比较深奥，小学生不一定要学 5.7%	在当今时代，传统文化显得过时了，保守了 3.2%	不关心也没什么认识 0.9%
您认为传统文化对当前中国社会的作用是【多选】	很重要，仍然影响到社会的方方面面 83.4%	作用正在减弱 37.2%	作用已经很少，关注的人也越来越少 15.4%	不去关心，不了解 0.9%	

续表

调研内容	调研结果占比				
您认为传统美德教育有无可取性?【多选】	没有可取性，应该一脉传承 71.8%	有可取性，但有些方面可以有所改进 65.8%	无可性，应该，应该向前看 3.1%	不去关心传统美德 0.5%	
您认为传统文化与社会主义核心价值体系的关系是【多选】	二者一脉相承，内在关系紧密 83.9%	二者在一定程度上有内在关系 43.7%	二者并无多大联系 2.2%		
您对于将传统节日定为法定节假日的看法	对于思想价值观有着很重要的意义 88.5%	这一行为并无太大意义 9.5%	不关心 2.1%		
您对于外国节日风靡中国的看法	中国节日必须过，外国节日也要过，要中外结合 76.9%	外国节日比较有意思就过外国节日 1.7%	为了传播中国文化，要禁止外国文化进入中国 1.3%	无所谓 10%	
对于传统文化现状，您认为【多选】	势力很大，要坚信我国的传统文化经久不衰 53.5%	有所减弱，受到外来文化影响，但整体上还能保持 68.7%	大大减弱，禁不起外来文化冲击 10.1%	不了解 1.2%	

结合家长的个人素养和学习必要性的认识分析，家长对传统文化受到外来文化影响有所减弱的现状有清醒的认识，但对传统文化本身还是有信心的。其中传统节假日的存在对人们价值观的塑造是非常有意义的。

（4）中学生对传统文化的认知

表 3-4

调研内容	调研结果占比				
你对传统文化的了解程度如何	十分了解 18.2%	了解部分 73.4%	了解很少或不了解 8.5%		
您了解中国传统节日的来源与风俗吗	很了解 14.4%	比较了解 42.7%	一般 40.0%	不了解 2.9%	
您觉得中国优秀文化带给我们的影响有哪些？【多选】	可以丰富我们的日常生活 86.4%	可以培养我们的兴趣爱好 82.1%	提高我们的精神素养 85.6%	传统文化离我们比较远，影响较小 5.3%	没影响 1.2%
您怎样看待中国传统文化【多选】	传统文化博大精深，应该传承发扬 92.6%	传统文化有精华有糟粕，我们要有选择 60.1%	传统文化比较深奥，小学生不一定要学 5.7%	在当今时代，传统文化显得过时了，保守了 4.7%	不关心也没什么认识 1.5%
您认为应该如何看待传统美德	很有可取性，应该一脉传承 62.7%	有可取性，但有些方面可以有所改进 35.6%	无可取性，应该注重现代的创新 1.2%	不去关心传统美德 0.5%	
您认为有必要把西游记翻译成各国文字进行传播	有必要 83.1%	没必要 8.0%	无所谓 8.9%		
您认为有了人工智能，中国传统的手工技艺还需要保留？	需要 97.4%	不需要 1.0%	无所谓 1.6%		

结合中学生个人素养和学习必要性的的认识分析，中学生对传统文化本身是热爱拥护并且有信心的。

(5)小学生对传统文化的认知

表 3-5

调研内容	调研结果占比				
你对传统文化的了解程度如何	十分了解 10.8%	了解部分 75.6%	了解很少或不了解 13.6%		
您了解中国传统节日的来源与风俗吗	很了解 7.8%	比较了解 35.3%	一般 52.2%	不了解 13.6%	
您觉得中国优秀文化带给我们的影响有哪些?【多选】	可以丰富我们的日常生活 82.3%	可以培养我们的兴趣爱好 79.6%	提高我们的精神素养 80%	传统文化离我们比较远，影响较小 5.3%	没影响 1.2%
您怎样看待中国传统文化【多选】	传统文化博大精深，应该传承发扬 90.3%	传统文化有精华有糟粕，我们要有选择 54.5%	传统文化比较深奥，小学生不一定要学 7.5%	在当今时代，传统文化显得过时了，保守了 5.2%	不关心也没什么认识 2.1%
您认为应该如何看待传统美德	很有可取性，应该一脉传承 64.6%	有可取性，但有些方面可以有所改进 35.1%	无可取性，应该注重现代的创新 1.7%	不去关心传统美德 0.6%	
您认为有必要把西游记翻译成各国文字进行传播	有必要 82.8%	没必要 8.4%	无所谓 8.9%		
您认为有了人工智能，中国传统的手工技艺还需要保留?	需要 97.0%	不需要 1.2%	无所谓 1.8%		

结合小学生的个人素养和学习必要性的认识分析，可以发现小学生对传统文化本身是热爱拥护并且有一定信心的。

2. 交叉比较对传统文化的认知

（1）校领导和德育干部比较

Q：对传统文化的了解程度

表 3-6

选　项	德育干部	校领导	德育干部	校领导
十分了解	123	117	34.0%	22.7%
了解部分	222	338	61.3%	65.5%
了解很少或不了解	17	61	4.7%	11.8%
总　计	362	516		

相同：对于传统文化，“了解”部分的校领导与德育干部占比均最多。

不同：在“十分了解”的人数上，德育干部要明显多于校领导，在“了解很少或不了解”的人数上，德育干部要明显少于校领导。

对以上数据进行分析，出现上述异同点的原因可能是校领导更注重学校管理与领导的职责，他们在政策上知道更多；而德育干部更专注于教育实践，在一线工作，他们更有现实工作的感受度，甚至本身就是学生传统文化教育的执行者，因此，比校领导会了解更多。反过来也说明，校领导在推进传统文化教育上，要更走近一线去实践，才会懂得更多。

Q：传统文化在哪个领域体现得更多

表 3-7

选　项	德育干部	校领导	德育干部	校领导
传统文学	71	113	19.6%	21.9%
传统习俗	157	178	43.4%	34.5%
民间艺术	57	68	15.7%	13.2%
传统道德	77	157	21.3%	30.4%
总　计	362	516		

相同：对于传统文化所体现的领域，德育干部与校领导的看法趋同。

不同：在占比最多的“传统习俗”方面，相比校领导，选择的德育干部更多；选择“传统道德”的校领导明显多于德育干部。

在“传统道德”教育方面，校领导比较注重灌输式，形式较简单，符合校领导角色的行为模式。而传统习俗比较生活化，在德育实践中，较多学校会结合传统习俗开展传统文化教育，德育干部往往是这些活动的策划组织者，他们对此的感知最深刻。

Q：有效的传统文化传承方式【多选】

表 3-8

选　项	德育干部	校领导	德育干部	校领导
阅读文化典籍	311	381	85.9%	73.8%
继承与庆祝传统节日	333	394	92.0%	76.4%

续表

选　项	德育干部	校领导	德育干部	校领导
申请非物质文化遗产	192	256	53.0%	49.6%
向课堂引进非遗传统手工教育，结合学校艺术教育	269	327	74.3%	63.4%
其　他	4	11	1.1%	2.1%
总　计	362	516		

相同：在传统文化传承方式上，德育干部与校领导的看法趋同。但是德育干部占比普遍略高于校领导，这与上一题的归因一致。

Q：对中华传统文化的继承和发展影响最大的

表 3-9

选　项	德育干部	校领导	德育干部	校领导
经济社会价值观的改变	169	275	46.7%	53.3%
现代艺术与外国艺术的冲击	53	50	14.6%	9.7%
人们审美标准的改变	31	53	8.6%	10.3%
时代的变迁，流行文化的盛行	107	128	29.6%	24.8%
其　他	2	10	0.6%	1.9%
总　计	362	516		

相同：对中国传统文化的继承和发展产生影响的原因，德育干部与校领导看法趋同，大多数都认为是社会价值观的改变。

不同：有比较多的校领导选择了“社会价值观的改变”，德育干部选择“流行文化的盛行”“现代艺术与外国艺术的冲击”的人比校领导更多。

在“是什么对中华传统文化的继承和发展影响更大”的问题上，学校领导的选择看起来更宏观、更深刻，德育干部更具体，应该也是由于角色思想站位和工作性质不同的结果。

Q：怎样看待中国传统文化【多选】

表 3-10

选　项	德育干部	校领导	德育干部	校领导
传统文化博大精深，应该继承与发扬	344	461	95.0%	89.3%
传统文化有精华也有糟粕，我们要有选择地接受	224	276	61.9%	53.5%
传统文化比较深奥，小学生不一定要学	23	28	6.4%	5.4%
在当今时代，传统文化显得过时了、保守了	10	28	2.8%	5.4%
不关心，也没什么认识	6	14	1.7%	2.7%
总　计	362	516		

相同：校领导和德育干部对如何看待中国传统文化这一问题的态度相似，都认为需要继承与发扬。

不同：选择“传统文化博大精深，应该继承与发扬”“传统文化有精华也有糟粕，我们要有选择地接受”“传统文化比较深奥，小学生不一定要学”的校领导少于德育干部，选择“在当今时代，传统文化显得过时了、保守了”“不关心，也没什么认识”的校领导多于德育干部。

学校领导在“过时了、保守了”“不关心，也没什么认识”这样比较消极的选项中做出选择的人数均多于德育干部，这是一个警示性问题，前面已经有所论及。德育干部在“应该继承与发扬”“有选择地接受”“小学生不一定要学”这样的选项中做出选择的人数多于校领导。相比较而言，对于传统文化，德育干部更有自信心。

Q：传统文化对当前中国社会的作用

表 3-11

选　项	德育干部	校领导	德育干部	校领导
很重要，仍然影响着社会的方方面面	335	438	92.5%	84.9%
作用正在减弱	118	172	32.6%	33.3%
作用已经很小，关注的人将越来越少	25	96	6.9%	18.6%
不去关心，不了解	5	18	1.4%	3.5%
总　计	362	516		

相同：在传统文化对当前中国的作用方面，校领导与德育干部的看法基本一致，大多数人都选择“很重要，仍然影响着社会的方方面面”。

不同：在选择“仍然影响着社会的方方面面”时，校领导的人数少于德育干部，“作用正在减弱”“关注的人将越来越少”“不去关心，不了解”的选项中，做出选择的校领导多于德育干部。与德育干部相比，在校领导群体中，有更多的人认为传统文化对当前中国社会的作用正在减弱。

Q：传统美德教育有无可取性

表 3-12

选　项	德育干部	校领导	德育干部	校领导
很有可取性，应该一脉相承	296	372	81.8%	72.1%
有可取性，但有些方面可以有所改进	220	348	60.8%	67.4%
无可取性，应该注重现代的创新，应该向前看	14	36	3.9%	7.0%
不去关心传统道德	3	15	0.8%	2.9%
总　计	362	516		

相同：对于传统美德教育，校领导与德育干部的选择基本相同，认为“很有可取性，应该一脉相承”的人数最多。

不同：选择“应一脉相承”的校领导少于德育干部，选择“可以有所改进”“无可取性”“不去关心”的校领导均多于德育干部。校领导对传统美德教育的疑问大于德育干部。

Q：传统文化与社会主义核心价值体系的关系

表 3-13

选　项	德育干部	校领导	德育干部	校领导
二者一脉相承，内在关联紧密	331	431	91.4%	83.5%
二者在一定程度上有重叠关系	145	236	40.1%	45.7%
二者并无太多联系	9	28	2.5%	5.4%
总　计	362	516		

相同：在传统文化与社会主义核心价值体系的关系这一问题上，校领导与德育干部的看法基本相同，多数都认为两者的内在关系紧密。

不同：认为“关系紧密”的校领导少于德育干部，认为“有重叠关系”的校领导多于德育干部，认为“并无太多联系”的校领导多于德育干部。

分析原因：学校实施传统文化教育都是在社会主义核心价值观的指导下稳步进行的，德育干部是具体践行者，在认知上更贴近实际。

Q：对于将传统节日定为法定节假日的看法

表 3-14

选　项	德育干部	校领导	德育干部	校领导
对于思想价值观有着重要的意义	337	459	93.1%	89.0%
这一行为并无太大意义	21	41	5.8%	7.9%
不关心	4	16	1.1%	3.1%
总　计	362	516		

相同：关于将传统节日定为法定节假日这一问题，大多数校领导与德育干部都选择“对于思想价值观有着重要的意义”。

不同：选择“有着重要的意义”的校领导少于德育干部，选择“无太大意义”“不关心”的校领导多于德育干部。

从分析得知，有更多的学校领导可能认为将传统节日定为法定节假日只是单纯的放假，或者由于工作繁忙，在放假中并不能感受到传统节日的存在，因此并无意义。

Q：对于外国节日风靡中国的看法

表 3-15

选　项	德育干部	校领导	德育干部	校领导
中国节日必须过，外国节日也要过，要中外结合	304	378	84.0%	73.3%
外国节日比较有意思，就过外国节日	6	11	1.7%	2.1%
为了传播中国传统文化，要阻止外国文化进入中国	37	80	10.2%	15.5%
无所谓	15	47	4.1%	9.1%
总　计	362	516		

相同：对于外国节日风靡中国的看法，校领导与德育干部的选择相似，都认为“中国节日必须过，外国节日也要过，要中外结合”。

不同：选择“要中外结合”的校领导少于德育干部，选择“外国节日比较有意思，就过外国节日”“阻止外国文化进入中国”“无所谓”的校领导均多于德育干部。相对来说，排斥外国节日的校领导比较多。

Q：传统文化的现状

表 3-16

选　项	德育干部	校领导	德育干部	校领导
势力仍大，要坚信我国的传统文化经久不衰	220	328	60.8%	63.6%
有所减弱，受到外来文化影响，但整体上还能保持	233	314	64.4%	60.9%

续表

选　项	德育干部	校领导	德育干部	校领导
大大减弱，经不起外来文化冲击	19	45	5.2%	8.7%
不了解	2	19	0.6%	3.7%
总　计	362	516		

相同：看法基本相同。

不同：更多的德育干部认为传统文化“受到外来文化影响，有所减弱，但整体上还能保持”。

从数据上得知，选择如今传统文化“大大减弱，经不起外来文化冲击”以及“不了解”的校领导更多。校领导的着眼点会更大一些，是以宏观的角度来分析整个社会状态，德育干部更注重学校内部的管理和已经正在实施的项目。

（2）小学生和中学生比较

Q：对传统文化的了解程度

表 3-17

选　项	小学生	中学生	小学生	中学生
十分了解	855	1187	10.8%	18.2%
了解部分	6012	4793	75.6%	73.4%
了解很少或不了解	1081	552	13.6%	8.5%
总　计	7948	6532		

相同：中小学生在对传统文化了解程度的选择上偏向几乎相同，选择“了解部分”的人最多。

不同：选择“十分了解”传统文化的中学生多于小学生，选择“了解部分”“了解很少或不了解”的中学生少于小学生。

由此可得出，中学生对传统文化的了解比小学生更加深入，不了解的人数比较少，小学生多数认为自己只了解部分，还有很多不太了解。中学生由于年龄优势，对传统文化的学习时间相对小学生长久，阅历更丰富，这符合实际情况。

Q：中国传统节日的来源与风俗

表 3-18

选　项	小学生	中学生	小学生	中学生
很了解	620	944	7.8%	14.4%
比较了解	2806	2788	35.3%	42.7%
一　般	4146	2612	52.2%	40.0%
不了解	376	191	4.7%	2.9%
总　计	7948	6535		

相同：中小学生对中国传统节日来源与风俗了解程度的选择分布基本相同，极少选择“很了解”“不了解”这样的两极选项。

不同：问题按了解渐弱的顺序排列，中学生更多地选择了“比较了解”，小学生更多地选择了了解程度更弱的“一般”选项，在“很了解”的选项上，中学生人数也多于小学生。

从数据可得出，对于中国传统节日来源与风俗的了解，中学生明显要多于小学生。中学生比小学生有更长的学习时间与人生阅历，对于传统文化，中学生有更多的机会进行深入的专业性学习。

Q：中华优秀文化带给我们的影响【多选】

表 3-19

选　项	小学生	中学生	小学生	中学生
可以丰富我们的日常生活	6539	5643	82.3%	86.4%
可以培养我们的兴趣爱好	6326	5362	79.6%	82.1%
提高我们的精神素养	6356	5590	80.0%	85.6%
传统文化和我们距离比较远，影响微小	425	343	5.3%	5.3%
没影响	98	79	1.2%	1.2%
总　计	7948	6532		

相同：在对中华优秀文化给生活带来的影响感受方面，中小学生基本相同，大多数都认为是有影响的。

不同：在选择有影响方面，中学生均略多于小学生。

从中可以发现，小学生会更多感受到趣味性，也就是感性层面的影响；中学生会更多地感受到思想层面的，也就是理性方面的影响。中学生和小学生的思想发展程度不同，对事物的理解不同，能感受到的影响也不同。

Q：怎样看待中华传统文化

表 3-20

选　项	小学生	中学生	小学生	中学生
传统文化博大精深，应该继承与发扬	7179	6051	90.3%	92.6%
传统文化有精华也有糟粕，我们要有选择地接受	4330	3924	54.5%	60.1%
传统文化比较深奥，小学生不一定要学	594	372	7.5%	5.7%
在当今时代，传统文化显得过时了、保守了	411	308	5.2%	4.7%
不关心，也没什么认识	168	95	2.1%	1.5%
总　计	7948	6532		

相同：中小学生对中华传统文化的看法的选择基本相同，大都选择“传统文化博大精深，应该继承与发扬”。

不同：选择传统文化过于“深奥”“保守”的中学生低于小学生，中学生总体的认知能力高于小学生，理解能力和分析能力也会有所不同。学生在接受现代高科技文化的过程中也会进行比较，每一阶段学生的认知能力与接受能力也有不同，传统文化中必然有一些是与当下社会价值期许不相符的地方。

Q：如何看待传统美德

表 3-21

选　项	小学生	中学生	小学生	中学生
很有可取性，应该继承与发扬	5136	4095	64.6%	62.7%
有可取性，但有些方面应有所改进	2629	2327	33.1%	35.6%
无可取性，应该注重现代的创新，应该向前看	134	77	1.7%	1.2%
不去关心传统道德	49	33	0.6%	0.5%
总　计	7948	6532		

相同：对于传统美德是否有可取之处，中小学生的选择基本一致。

不同：选择“很有可取性，应该继承与发扬”的小学生多于中学生。选择“有可取性，但有些方面应有所改进”的中学生多于小学生。相比小学生，中学生更多地看到了传统美德中的问题。

Q：《西游记》翻译成各国文字进行传播

表 3-22

选　项	小学生	中学生	小学生	中学生
有必要	6580	5426	82.8%	83.1%
没有必要	664	525	8.4%	8.0%
无所谓	704	581	8.9%	8.9%
总　计	7948	6532		

相同：中小学生的选择几乎相同，都认为有必要广泛传播。这与我国中小学生通过视听媒体广泛、循环地接受《西游记》信息有关。这也

说明优秀的传统文化作品，通过强化宣传，能提高学生的广泛认同和民族文化自信。

Q：您认为有了人工智能，中国传统的手工技艺还需要保留吗

表 3-23

选 项	小学生	中学生	小学生	中学生
需 要	7713	6362	97.0%	97.4%
不需要	93	66	1.2%	1.0%
无所谓	142	105	1.8%	1.6%
总 计	7948	6533		

相同：中小学生的选择几乎相同。

（3）家校比较

Q：您对传统文化的了解程度如何

表 3-24

选 项	德育干部	校领导	家 长	小学生	中学生
十分了解	123	117	1257	855	1187
了解部分	222	338	8596	6012	4793
了解很少或不了解	17	61	956	1081	552
总 计	362	516	10809	7948	6532
选 项	德育干部	校领导	家 长	小学生	中学生
十分了解	22.7%	34.0%	11.6%	10.8%	18.2%
了解部分	65.5%	61.3%	79.5%	75.6%	73.4%
了解很少或不了解	11.8%	4.7%	8.8%	13.6%	8.5%

相同：校领导、德育干部、家长、中小学生对于传统文化最多的选择均是“了解部分”，其次是“十分了解”，“了解很少或不了解”的人数最少。

不同：“了解部分”的家长人数最多，其次是小学生。“十分了解”最少，“了解或不了解”最多的均是家长和小学生。在“十分了解”的选项中，德育干部与校领导的人数比较多。

原因分析：小学生对于传统文化的了解受到家庭环境的影响更大，与家长的选择比较相似。对于家长和小学生来说，传统文化可能更多的是感受，并没有去专门学习。校领导和德育干部对传统文化有更多了解。

Q：您了解中国传统节日的来源与风俗吗

表 3-25

选项	德育干部	家长	小学生	中学生	德育干部	家长	小学生	中学生
很了解	66	901	620	944	18.2%	8.3%	7.8%	14.4%
比较了解	213	4656	2806	2788	58.8%	43.1%	35.3%	42.7%
一般	78	5077	4146	2612	21.5%	47.0%	52.2%	40.0%
不了解	5	178	376	191	1.4%	1.6%	4.7%	2.9%
总计	362	10812	7948	6535				

相同：关于中国传统节日的来源与风俗，德育干部、家长、小学生

的选择基本相同，选择“比较了解”“一般”的人数最多，极少选择“很了解”“不了解”这样的两极选项。

不同：选择“比较了解”“很了解”的德育干部要远远多于其他人群，中学生也有相似的选择，了解程度最弱的是小学生。

分析原因：角色的年纪不同，阅历不同，关注的领域不同。值得分析的是“比较了解”“很了解”选项，家长与学生相比，占比没很大优势，由此显示出现在一代家长对传统节日的记忆在淡化，有关节日的风俗习惯在改变。

Q：您定义中的传统文化在哪个领域体现得更多

表 3-26

选　项	德育干部	校领导	家　长	德育干部	校领导	家　长
传统文学	71	113	2103	19.6%	21.9%	19.5%
传统习俗	157	178	4683	43.4%	34.5%	43.3%
民间艺术	57	68	1723	15.7%	13.2%	15.9%
传统道德	77	157	2302	21.3%	30.4%	21.3%
总　计	362	516	10811			

相同：关于传统文化所体现的领域，德育干部与家长的看法趋同，校领导的选择趋势也相同。选择“传统习俗”的人都比较多，选择“民间艺术”的人都比较少。

不同：在四个选项中，校领导的选择占比与家长和德育干部有非常明显的不同。选择“传统道德”“民间艺术”的校领导比较少，选择“传统道德”“传统文学”的校领导比较多。

由此得出：学校领导更注重学校管理与领导的职责，所关注的层面更为宏观，也比较理性，德育干部更专注于具体的教学、应用，更多贴近生活的感受。

Q：您认为有效的传统文化传承方式有哪些【多选】

表 3-27

选　项	德育干部	校领导	家长	德育干部	校领导	家长
阅读文化典籍	311	381	8606	85.9%	73.8%	79.6%
继承与庆祝传统节日	333	394	9527	92.0%	76.4%	88.1%
申请非物质文化遗产	192	256	5394	53.0%	49.6%	49.9%
向课堂引进非遗传统手工教育，结合学校艺术教育	269	327	7502	74.3%	63.4%	69.4%
其　他	4	11	420	1.1%	2.1%	3.9%
总　计	362	516	10815			

相同：家长、德育干部、校领导三者的选择趋同，“继承与庆祝传统节日”都有最多的选择人数。

不同：在“继承与庆祝传统节日”的选项上，有更多的家长做出了选择，相比来说家长有更多的时间精力去关注生活。

Q：您觉得对中华传统文化的继承和发展影响最大的是

表 3-28

选 项	德育干部	校领导	家 长	德育干部	校领导	家 长
经济社会价值观的改变	169	275	5604	46.7%	53.3%	51.8%
现代艺术与外国艺术的冲击	53	50	1312	14.6%	9.7%	12.1%
人们审美标准的改变	31	53	940	8.6%	10.3%	8.7%
时代的变迁，流行文化的盛行	107	128	2866	29.6%	24.8%	26.5%
其 他	2	10	89	0.6%	1.9%	0.8%
总 计	362	516	10811			

相同：家长、德育干部、校领导三者的选择趋同，在“经济社会价值观的改变”上，有最多的选择者，其次是“时代的变迁，流行文化的盛行”。

不同：三者的选择规律大同小异，没有明确的可循。

由此得出：家长、德育干部和校领导的认识总体上一致，具有社会普适性；差异在于角色着眼点不同，所受的教育水平也不同，看事物的角度不同。

Q：您怎样看待中华传统文化

表 3-29

选　项	德育干部	校领导	家　长	小学生	中学生
传统文化博大精深，应该继承与发扬	344	461	9924	7179	6051
传统文化有精华也有糟粕，我们要有选择地接受	224	276	6638	4330	3924
传统文化比较深奥，小学生不一定要学	23	28	616	594	372
在当今时代，传统文化显得过时了、保守了	10	28	346	411	308
不关心，也没什么认识	6	14	100	168	95
总　计	362	516	10815	7948	6532
选　项	德育干部	校领导	家　长	小学生	中学生
传统文化博大精深，应该继承与发扬	89.3%	95.0%	91.8%	90.3%	92.6%
传统文化有精华也有糟粕，我们要有选择地接受	53.5%	61.9%	61.4%	54.5%	60.1%
传统文化比较深奥，小学生不一定要学	5.4%	6.4%	5.7%	7.5%	5.7%
在当今时代，传统文化显得过时了、保守了	5.4%	2.8%	3.2%	5.2%	4.7%
不关心，也没什么认识	2.7%	1.7%	0.9%	2.1%	1.5%

相同：在看待中国传统文化的选择中，家、校、生有几乎相同的选择。选择“应该继承与发扬”的人数最多，其次是“要有选择地接受”，体现出对传统文化的辩证认识，这是一个好的现象。

Q：您认为传统文化对当前中国社会的作用是

表 3-30

选　项	德育干部	校领导	家　长	德育干部	校领导	家　长
很重要，仍然影响着社会的方方面面	335	438	9015	92.5%	84.9%	83.4%
作用正在减弱	118	172	4026	32.6%	33.3%	37.2%
作用已经很小，关注的人将越来越少	25	96	1667	6.9%	18.6%	15.4%
不去关心，不了解	5	18	100	1.4%	3.5%	0.9%
总　计	362	516	10815			

相同：在传统文化对当前社会的作用一题中，校领导、德育干部、家长的选择一致。选择“很重要”的人数均是最多的。

不同：德育干部选择“很重要”的人更多。

由此得出：德育干部是教学具体实施者，对于传统文化有更多的关注，在了解过程中看到了其重要性，教学目标所带来的压力也会让德育干部更为重视。

Q：您认为传统美德教育有无可取性

表 3-31

选　项	德育干部	校领导	家　长	德育干部	校领导	家　长
很有可取性，应该一脉相承	296	372	7765	81.8%	72.1%	71.8%
有可取性，但有些方面有待改进	220	348	7111	60.8%	67.4%	65.8%
无可取性，应该注重现代的创新，应该向前看	14	36	339	3.9%	7.0%	3.1%
不去关心传统道德	3	15	55	0.8%	2.9%	0.5%
总　计	362	516	10815			

相同：对于传统美德有无可取性，校领导、德育干部、家长的选择一致，“很有可取性”的选择人数最多，“有可取性，但要有所改进”的选择人数次之。

不同：校领导更多地认为需要改进甚至无可取性，其次是家长，认为最可取的是德育干部。德育干部在一线有更多的深入了解和体会。

Q：您认为传统文化与社会主义核心价值体系的关系是

表 3-32

选　项	德育干部	校领导	家　长	德育干部	校领导	家　长
二者一脉相承，内在关联紧密	331	431	9075	91.4%	83.5%	83.9%

续表

选　项	德育干部	校领导	家　长	德育干部	校领导	家　长
二者在一定程度上有重叠关系	145	236	4728	40.1%	45.7%	43.7%
二者并无太多联系	9	28	234	2.5%	5.4%	2.2%
总　计	362	516	10815			

相同：传统文化与社会主义核心价值观的关系中，校领导、德育干部、家长做出的选择基本相同，选择“内在关联紧密”的人数最多，其次是“一定程度上有重叠关系”。

Q：您对于将传统节日定为法定节假日的看法

表 3-33

选　项	德育干部	校领导	家　长	德育干部	校领导	家　长
对于思想价值观有着重要的意义	337	459	9567	93.1%	89.0%	88.5%
这一行为并无太大意义	21	41	1024	5.8%	7.9%	9.5%
不关心	4	16	222	1.1%	3.1%	2.1%
总　计	362	516	10813			

相同：将传统节日定为法定节假日，校领导、德育干部、家长都认为“对于思想价值观有着重要的意义”。

不同：有的家长认为意义不大。

由此得出：法定节假日大家都是支持的，选择“意义不大”的人群可能是感受不到法定假日中传统节日的存在。

Q：您对于外国节日风靡中国的看法

表 3-34

选　项	德育干部	校领导	家　长	德育干部	校领导	家　长
中国节日必须过，外国节日也要过，要中外结合	304	378	8313	84.0%	73.3%	76.9%
外国节日比较有意思，就过外国节日	6	11	136	1.7%	2.1%	1.3%
为了传播中国传统文化，要阻止外国文化进入中国	37	80	1285	10.2%	15.5%	11.9%
无所谓	15	47	1079	4.1%	9.1%	10.0%
总　计	362	516	10813			

相同：对于外国节日风靡中国的看法，校领导、德育干部、家长一致选择“中国节日必须过，外国节日也要过，要中外结合”。

不同：持有要阻止外国文化进入中国想法的校领导略多，其次是家长。可能校领导的思想认识全局观更广、更为深刻，对外来文化的影响担忧会更深。

Q：对于传统文化现状，您认为

表 3-35

选项	德育干部	校领导	家长	德育干部	校领导	家长
势力仍大，要坚信我国的传统文化经久不衰	220	328	5787	60.8%	63.6%	53.5%
有所减弱，受到外来文化影响，但整体上还能保持	233	314	7426	64.4%	60.9%	68.7%
大大减弱，经不起外来文化冲击	19	45	1092	5.2%	8.7%	10.1%
不了解	2	19	126	0.6%	3.7%	1.2%
总计	362	516	10815			

相同：选择“势力仍大”“有所减弱”的人数比较多。

不同：选择“势力大”的家长人数少于校领导与德育干部。选择“有所减弱”的校领导少于德育干部和家长。

对于传统文化的了解程度不同，重要性的了解程度也不相同，校领导与德育干部多是领导层面，较为专业有引导教育发展的需要。同时，他们工作的对象是学生群体，碰到的问题会更多，感受就会更强烈。而家长更多的是对于生活的感受，是从自己孩子单个个体上得到对现状的反馈，感受会个性化。

由对比可知，家、校对于传统文化的继承与传播还是有信心的，其中学校的责任感更重，家长的选择多来自对现实生活的反馈。

（二）关于对传统文化及非物质文化遗产的体验（以对传统文化体验的评价情况为例）

1. 学校领导对传统文化的体验

表 3-36

调研内容	调研结果占比			
您认为现阶段，外国文化和中国传统文化哪个对孩子的影响更大	外国文化 28.7%	中国传统文化 71.3%		
对于中国传统文化能否传播下去您认为学生们的态度会是	一定可以的 66.1%	可能可以 21.7%	传播不下去的 1.7%	他们说不清楚 10.5%
您认为学生们是否乐于参加春节、清明节、中秋节等传统节日活动	乐于参加 89.1%	心情好会参加 8.5%	没有兴趣参加 2.3%	

由以上数据对学校领导在学生传统文化体验方面的感受进行分析，校领导认为现阶段对孩子影响更大的还是中华传统文化，学生们会很乐意参加春节、清明节、中秋节等传统节日活动，对于能否在学生中将传统文化传播下去，校领导非常有信心。在后面两个问题的选项中，都有 10% 左右的负向选项，表明该部分校领导在认识学生对传统文化接受度上信心不足。

2. 德育干部对传统文化的体验

表 3-37

调研内容	调研结果占比			
您觉得现在过传统节日的氛围浓吗	很有节日氛围 25.7%	一般 64.9%	没有节日氛围 9.4%	

续表

调研内容	调研结果占比			
您认为现阶段，外国文化和中国传统文化哪个对孩子的影响更大	外国文化 33.1%	中国传统文化 66.9%		
对于中国传统文化能否传播下去您认为学生们的态度会是	一定可以的 79.3%	可能可以 15.7%	传播不下去的 2.5%	他们说不清楚 2.5%
您认为学生们是否乐于参加春节、清明节、中秋节等传统节日活动	乐于参加 90.6%	心情好会参加 7.7%	没有兴趣参加 1.7%	

由以上数据对德育干部在传统文化体验方面进行分析，德育干部如今感受到的传统节日气氛不是很浓。对于学生，德育干部认为现阶段对孩子影响更大的还是中国传统文化，学生们会很乐意参加春节、清明节、中秋节等传统节日活动，对于能否在学生中将传统文化传播下去，德育干部比校领导更有信心，这与他们在一线工作的实际感受有关。

表 3-38

调研内容	调研结果占比					
您了解传统文化的主要途径前三位分别是:【多选】	以前在校学习 70.4%	日常生活积累 84%	网络电视等媒体传播 76.5%	工作接触 59.7%	旅游活动 43.4%	业余爱好 25.4%	其他 1.7%

由以上数据分析，德育干部会通过多种方式了解传统文化，最主要的是日常生活积累以及网络、电视等媒体传播。“以前在校学习 ”因素位居前三，正好说明了学生时代学校传统文化教育给这些德育干部留下的印象会非常深刻，因此，加强对学生的传统文化教育是非常必要的。

3. 家长对传统文化的体验

表 3-39

调研内容	调研结果占比			
您觉得现在过传统节日的氛围浓吗	很有节日氛围 17.1%	一般 67.5%	没有节日氛围 15.4%	
您认为现阶段，外国文化和中国传统文化哪个对孩子的影响更大	外国文化 36.9%	中国传统文化 63.1%		
对于中国传统文化能否传播下去您认为学生们的态度会是	一定可以的 56.7%	可能可以 35.2%	传播不下去的 1.3%	他们说不清楚 6.8%
您认为学生们是否乐于参加春节、清明节、中秋节等传统节日活动	乐于参加 84.9%	心情好会参加 13.1%	没有兴趣参加 2.1%	

由以上数据，对家长在传统文化体验方面进行分析，家长如今感受到的传统节日气氛不是很浓。对于学生，家长认为现阶段对孩子影响更大的还是中国传统文化，学生们会很乐意参加春节、清明节、中秋节等传统节日活动，可能因为这类节日更多是以家庭形式开展的，家长的感受最真实。对于能否在学生中将传统文化传播下去，家长也非常有信心。

表 3-40

调研内容	调研结果占比						
您孩子会经常性与您谈起他们学校举办的传统文化主题活动	经常会 39.2%	偶尔谈起 51.7%	几乎没有 9.0%				

续表

调研内容	调研结果占比						
您了解传统文化的主要途径前三位分别是:【多选】	以前在校学习 55.5%	日常生活积累 76.6%	网络电视等媒体传播 74.7%	工作接触 25.9%	旅游活动 38.3%	业余爱好 20.2%	其他 1.8%

由以上数据分析，家长会从孩子口中了解到学校传统文化教育的情况，表明学校开展传统文化教育比较普及，频次也较高。家长会通过多种方式了解传统文化，最主要的是日常生活积累以及网络、电视等媒体传播，家长曾经就学时受到的传统文化教育同样让他们记忆犹新。

4. 中学生对传统文化的体验

表 3-41

调研内容	调研结果占比						
对外国文化和中国传统文化哪个您更有兴趣	外国文化 36.9%	中国传统文化 63.1%					
过新年，如果都是放一个星期假，您喜欢过圣诞节还是春节?	圣诞节 6.5%	春节 87.0%	无所谓对我没影响 6.6%				
每个传统节日来临您都会饶有兴趣的体验感受一下吗	很有兴趣 64.5%	一般 34%	没有兴趣参加 1.4%				
如果有机会进行传统文化的学习(如书法、篆刻、射艺、刺绣、民族舞蹈等)，您会	很有兴趣 72.5%	兴趣一般 25.8%	没有兴趣 1.7%				

续表

调研内容	调研结果占比						
您更喜欢哪一种传统文化内容【多选】	传统手工技艺（木艺、编织、陶艺等）77.6%	哲学思想（孔子、庄子等）36.5%	文学作品（诗词、文言文等）54.9%	音乐作品（民乐、山歌等）48.1%	美术作品（绘画、雕塑等）55.8%	武术侠义27.2%	其他7.2%
您感兴趣的传统文化传承方式有哪些【多选】	阅读文化图书79.7%	继承与庆祝节日传统87.5%	参加课外活动或兴趣班60.2%	课堂学习51.2%	其他15.3%	没兴趣1.1%	
您对现在影视剧创新改变我国古典文学作品的态度是	十分抵制，破坏了我国传统文化的内涵13.2%	赞成，但是不能胡乱编造66.3%	赞成，原著过于粗糙，改版后的形式比较新颖，充满趣味性10.8%	不赞成，但能够引发了解学习原版著作的兴趣7.7%	无所谓，可以用来打发时间2.1%		
未来职业规划中，您是否有兴趣从事与传统文化相关的工作	很有兴趣47.3%	兴趣一般47.1%	没有兴趣5.6%				

由以上数据，对中学生在传统文化体验方面进行分析，中学生对传统文化的兴趣远大于外国文化，相比圣诞节，他们更喜欢过春节，他们乐于体验传统节日，乐于学习传统文化，比如传统手工艺、美术作品、文学作品等，也乐于通过传统节日来完成对传统文化的传承。对现在影视剧创新改编我国古典文学作品的态度，他们是赞成的，但不同意胡编乱造，对于未来从事传统文化工作的职业规划，有兴趣的学生占 47.1%，因为职业趋向离散度很高，而有这么高比例的学生未来

有传统文化工作趋向，可见当下学校传统文化教育对他们的影响还是很大的。

表 3-42

调研内容	调研结果占比					
您每周自主阅读传统文化知识的次数	几乎每天都看 11.8%	三四次 23.3%	一二次 52.9%	基本不看 12.1%		
您了解传统文化的主要途径（前四条）【多选】	在校学习 82.8%	家庭教育 62.6%	网络电视等媒体传播 78.9%	课外阅读 75.2%	旅游活动 56.2%	其他 14.5%
如果有一节自修课，您希望学校开设传统文化课还是中考、高考学科	传统文化课 82.2%	中考高考学科 12.4%	不知道 5.3%			
您记得的最受感动的传统文化教育是在	学校组织的 77.8%	不是学校组织的 22.2%				

由以上数据分析，半数中学生每周会有一两次自主阅读传统文化知识，从周频次上看，应该不算很高，这可能一方面与他们紧张的学业有关，另一方面与材料的可读性有关。他们了解传统文化的途径主要是在校学习，此外还有网络、电视等媒体传播，课外阅读以及家庭教育，应该说途径还是非常广泛的，这与信息时代发达的传播媒介有关。在对学校传播传统文化教育功能的认识上，学生们非常多地认同学校组织的活动。如果自修课可以选择，相比中考、高考学科，他们更愿意上传统文化课。

5. 小学生对传统文化的体验

表 3-43

调研内容	调研结果占比					
对外国文化和中国传统文化哪个您更有兴趣	外国文化 93.5%	中国传统文化 6.5%				
过新年，如果都是放一个星期假，您喜欢过圣诞节还是春节?	圣诞节 7.2%	春节 88.7%	无所谓对我没影响 4.1%			
每个传统节日来临您都会饶有兴趣的体验感受一下吗	很有兴趣 65.9%	一般 33.3%	没有兴趣参加 0.8%			
如果有机会进行传统文化的学习（如书法、篆刻、射艺、刺绣、民族舞蹈等），您会	很有兴趣 74.6%	兴趣一般 24.2%	没有兴趣 1.2%			
您更喜欢哪一种传统文化内容【多选】	传统手工技艺（木艺、编织、陶艺等）44.7%	文学作品（诗词、文言文等）21.3%	音乐作品（民乐、山歌等）10.0%	美术作品（绘画、雕塑等）21.6%	其他 2.4%	
您感兴趣的传统文化传承方式有哪些【多选】	阅读文化图书 80.8%	继承与庆祝节日传统 84%	参加课外活动或兴趣班 64.8%	课堂学习 48.8%	其他 11.3%	没兴趣 0.7%
您对改变我国古典著作及历史剧有什么看法（如“功夫之王”、“三国之见龙卸甲”、韩日版“西游记”漫画等）	十分抵制，破坏了我国传统文化的内涵 27.4%	不赞成，但能够引发了解学习原版著作的兴趣 42.0%	无所谓，可以用来打发时间 8.6%	赞成，原著过于粗糙，改版后的形式比较新颖，充满趣味性 22.0%		

由以上数据对小学生在传统文化体验方面进行分析，小学生对传统文化的兴趣远大于外国文化，相比圣诞节，他们更喜欢过春节，比例略高于中学生。他们乐于体验传统节日，乐于学习传统文化，传统手工艺是首选，这与他们的年龄有关；其次美术作品、文学作品等也较受欢迎；他们也乐于通过传统节日完成对传统文化的传承。对改编我国古典著作及历史剧如《功夫之王》、《三国之见龙卸甲》、韩日版《西游记》漫画等，能够引发他们了解原版著作的兴趣。

表 3-44

调研内容	调研结果占比					
您每周自主阅读传统文化知识的次数	几乎每天都看 10.6%	三四次 20.8%	一二次 55.7%	基本不看 12.9%		
您了解传统文化的主要途径（前四条）【多选】	在校学习 78.5%	家庭教育 60.4%	网络电视等媒体传播 70.3%	课外阅读 74.9%	旅游活动 51.6%	其他 11.0%
如果有一节自修课，您希望学校开设传统文化课还是中考、高考学科	传统文化课 89.5%	语数外 7.2%	不知道 3.4%			
您记得的最受感动的传统文化教育是在	学校组织的 78.7%	不是学校组织的 21.3%				

由以上数据分析得知，半数小学生每周会有一两次自主阅读传统文化知识，与中学生相仿。他们了解传统文化主要是通过在校学习，此外

还有课外阅读，网络、电视等媒体传播以及家庭教育。如果自修课可以选择，相比语数外，他们也更愿意上传统文化课。学校组织的传统文化教育活动也得到了他们的广泛认同。

（三）关于对传统文化及非物质文化遗产的实施情况的调研（以实施传统文化及非物质文化遗产的评价为例）

1. 学校领导对学校实施情况的认识

Q：您认为学校传播传统文化的主责在校领导吗

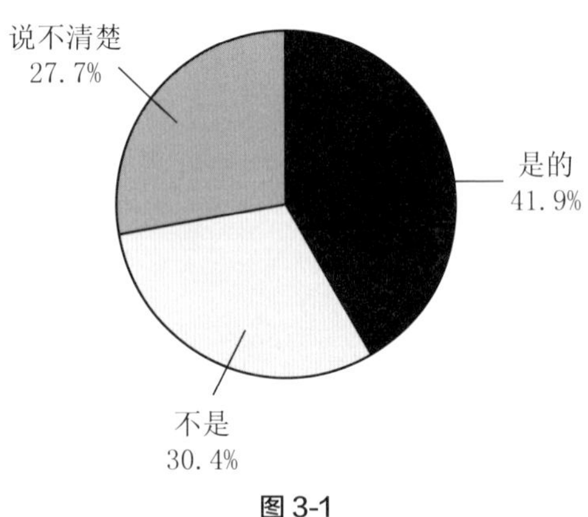

图 3-1

由以上数据得知，对各学校领导在开展学校传统文化教育实践方面的责任担当进行分析，41.9% 的校领导认为学校传播传统文化的责任主要在自己，这是正确的，因为传统文化教育是重要的学校德育课程，校领导是课程的制订者和执行者，责无旁贷。30.4% 的校领导认为主责任不在自己，这是认识上的偏差，需要提高认识。

Q：您是否认为传统文化特色教育也可以成为学校办学特色

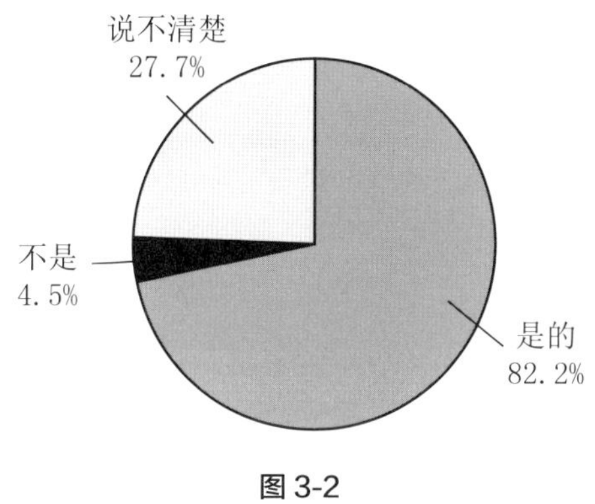

图 3-2

Q：您会给学校老师开展一些传统文化方面的培训吗

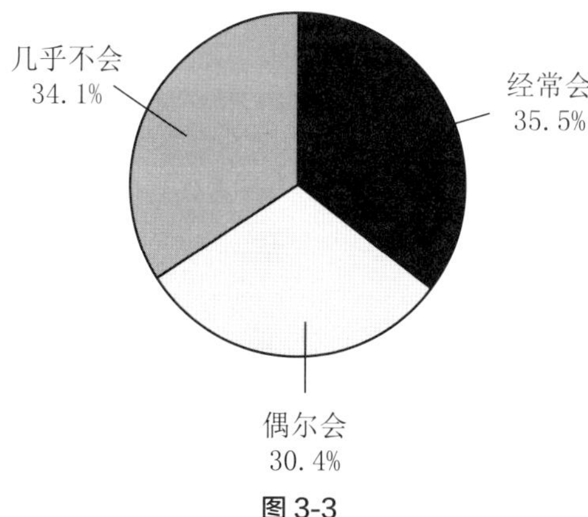

图 3-3

Q：您认为在中小学推广中国传统文化教育的侧重点应该在【多选】

表 3-45

选　项	小　计	百分比
传统美德教育	473	91.7
传统技艺学习	329	63.8
传统文学学习	356	69
传统习俗学习	353	68.4
其他	13	2.5
有效填写量	516	

Q：您认为在中小学推广传统文化比较好的形式是【多选】

表 3-46

选　项	小　计	百分比
讲座	287	55.6
手工兴趣课	344	66.7
开展多种类的文化兴趣技能实践	425	82.4
校外教育	231	44.8
有效填写量	516	

由以上数据分析得知，校领导对传统文化教育推动校本德育特色创建的作用，还是非常认同的，但是在教师层面开展全员性传统文化教育培训还是不足，这在一定程度上会影响协同育人的质量。校领导认为在中小学推广中国传统文化教育的重点在于传统美德教育，其次是传统文学学习、传统习俗学习、传统技艺学习。教育形式应以开展多种类的文

化兴趣技能实践为主，其次是手工兴趣课，然后是讲座以及校外教育，这都比较符合学校教育实际。

Q：您所在的学校在环境营造上是否有传统文化的体现

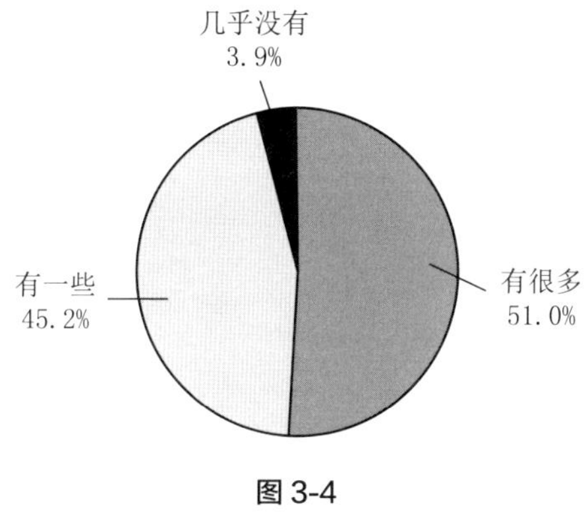

图 3-4

Q：您学校老师对传统文化教育的重视程度如何

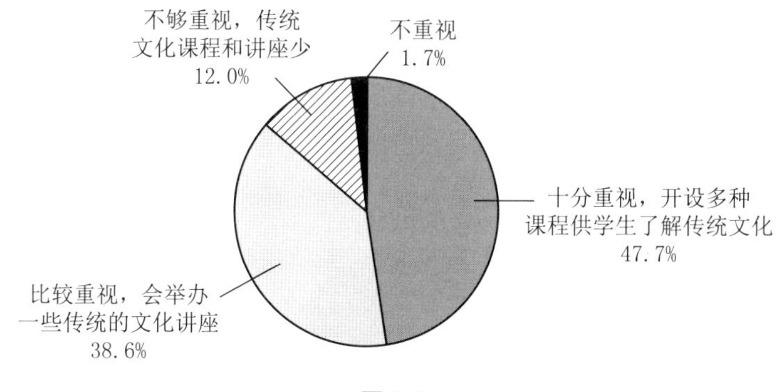

图 3-5

由以上数据分析得知，校领导们在校园环境的营造上几乎都有体现传统文化，学校老师对传统文化教育也很重视，开设了多种课程以及讲座供学生了解传统文化。这可以看出近年来闵行区教育局在中小学大力推进传统文化教育取得的成效。

Q：您所在的学校是否也会举办一些外国节日活动

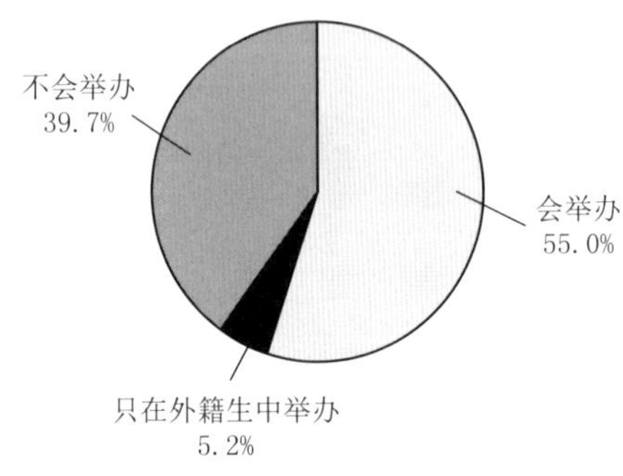

图 3-6

由以上数据来看，超过一半的学校会举办外国节日活动，这个问题需要辩证的认识，传统文化节日应该成为学校文化活动中的主流节日，但是一些有利于学生拓展国际视野的外国节日，也是可以有选择地举办的，但对活动的主题要定位准确，活动的形式要去娱乐化。

Q：您的学校每年开设的传统文化活动主题来自

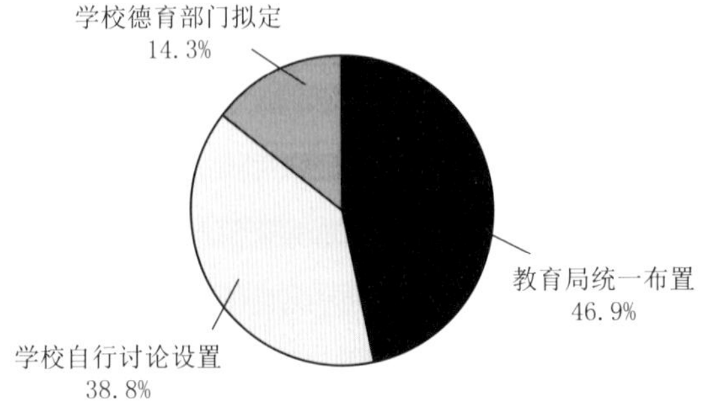

图 3-7

Q：除教育局布置外，您学校每学期会自主举办几次全校性的传统文化主题活动

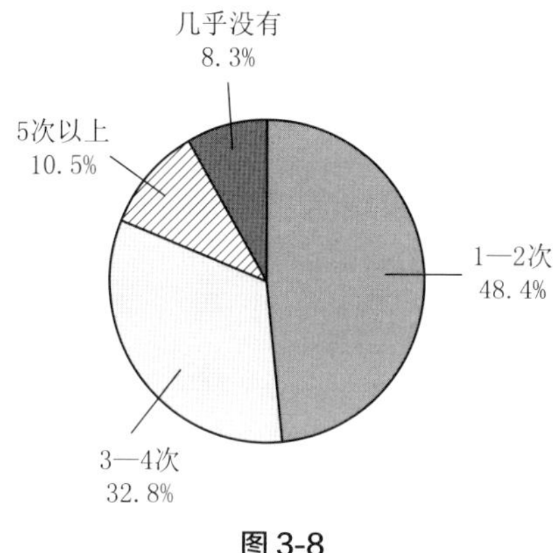

图 3-8

由以上数据分析得知，校领导所在的学校每年开设的传统文化活动主题主要来自教育部统一布置，学校主动设立主题开展的传统文化活动也不少，这是一个比较好的现象。91.7% 的学校每学期会自主举办传统文化主题活动，无论是 1—2 次，还是 5 次以上，都是结合了学校实际情况在开展，这也是一个非常好的现象。

Q：您的学校在开设中国传统文化课程中遇到的主要困难是（占前四位的）【多选】

表 3-47

选　项	小　计	百分比
资金配套不够	241	46.7

续表

选　项	小　计	百分比
配套内容不够	254	49.2
硬件设施不足	242	46.9
师资条件不够	170	33
学生热情不高	99	19.2
课时时间不够	234	45.4
其　他	47	9.1
有效填写量	516	

Q：对于相关的传统文化教育资源，学校是否希望借助社会文化资源平台

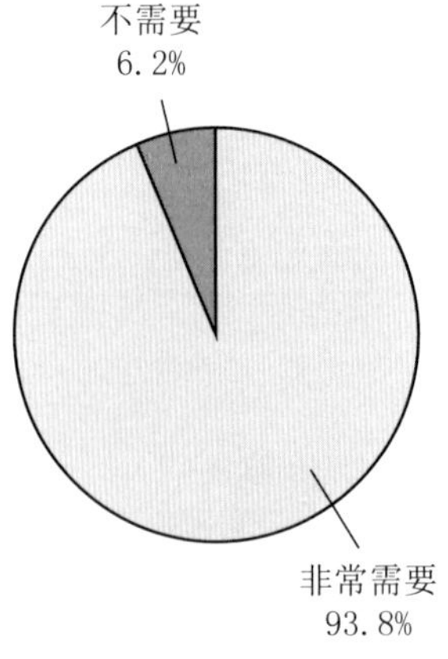

图 3-9

由以上数据分析可知，校领导所在的学校传统文化教育课程在开设中遇到的困难主要是配套内容不够，其次是硬件设施不足，配套资金不够，课时时间不够；再有就是师资条件不够，学生热情度不高等其他问题。学校非常需要借助社会文化资源平台，这说明在保障条件创设上，无论是教育局，还是基层学校都有进一步改善的空间。

2. 德育干部对学校实施的认识

Q：您认为在中小学推广中国传统文化教育的侧重点应该在【多选】

表 3-48

选　项	小　计	百分比
传统美德教育	341	94.2
传统技艺学习	262	72.4
传统文学学习	265	73.2
传统习俗学习	284	78.5
其　他	2	0.6
有效填写量	362	

Q：您认为在中小学推广传统文化比较好的形式是【多选】

表 3-49

选　项	小　计	百分比
讲　座	190	52.5

续表

选　项	小　计	百分比
手工兴趣课	282	77.9
开展多种类的文化兴趣技能实践	321	88.7
校外教育	201	55.5
有效填写量	362	

由以上数据分析得知，德育干部认为在中小学推广中国传统文化教育的重点在传统美德教育上，其次是传统习俗学习、传统文学学习、传统技艺学习。教育形式应以开展多种类的文化兴趣技能实践为主，其次是手工兴趣课，然后是校外教育以及讲座。这都与校领导的回答相仿。

Q：您所在的学校在环境营造上是否有传统文化的体现

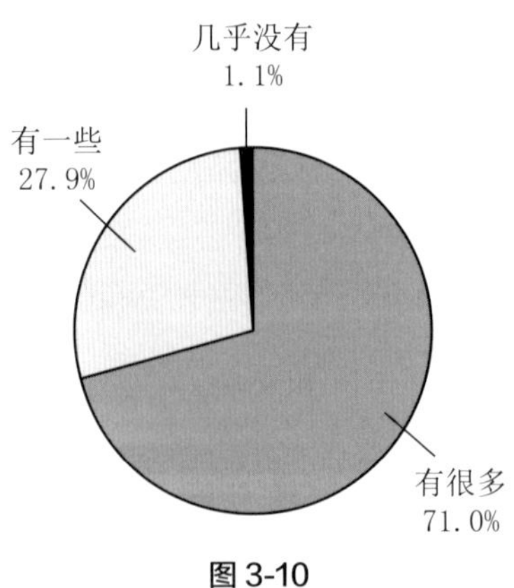

图 3-10

Q：您学校老师对传统文化教育的重视程度

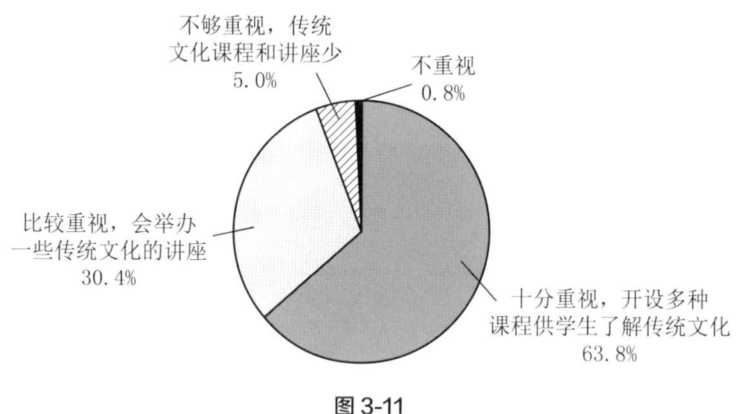

图 3-11

Q：您所在的学校是否也会举办一些外国节日活动

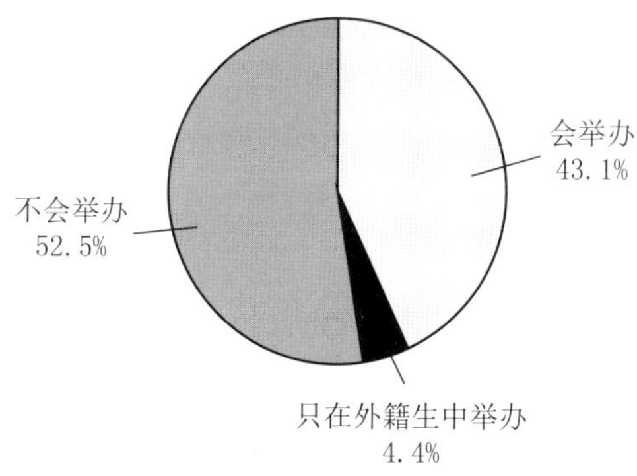

图 3-12

由以上数据分析得出，德育干部所在的学校，在校园环境的营造上几乎都有传统文化方面的体现，有很多体现的超过了 2/3，远高于校领导的回答。而学校老师对传统文化教育也很重视，开设了多种课程以及讲座供学生了解传统文化。超过一半的学校不会举办外国节日活动，这比校领导的回答占比要高。可能德育干部的回答更可信，因为他们在一线工作，这类活动是否举办，受他们控制。

Q：您所在的学校是否也会举办一些外国节日活动

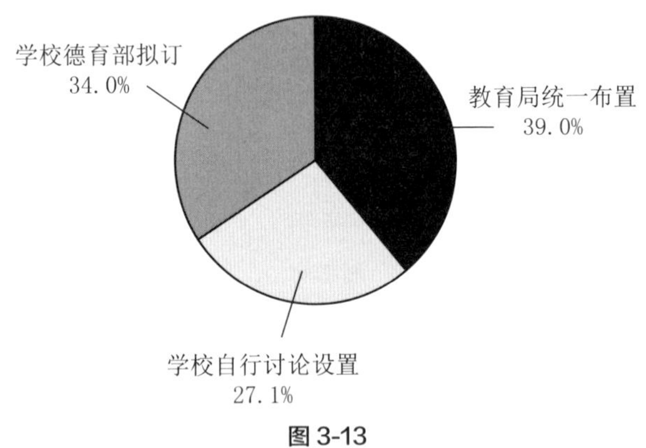

图 3-13

Q：您的学校每年开设的传统文化活动主题来自

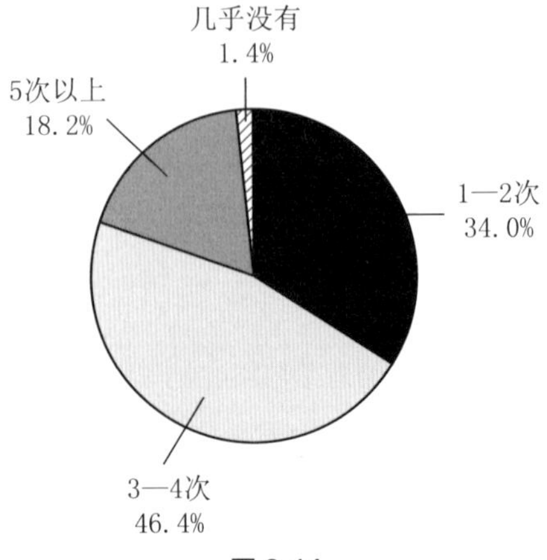

图 3-14

由以上数据分析得出，德育干部所在的学校每年开设的传统文化活动主题主要来自教育局统一布置，与校领导的回答相仿，但是由学校德育部门自行制订的回答比例要远高于校领导，学校每学期开展全校性主题活动的次数，也远高于校领导的回答，通过前面的分析可以看出，德育干部的回答更可信，这提醒了校领导们，应该更深入德育一线，更多参与才会有更多感受。

Q：对于相关的传统文化教育资源，学校是否希望借助社会文化资源平台

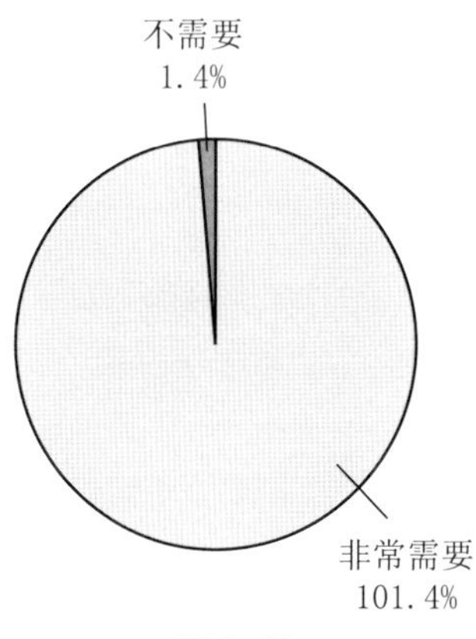

图 3-15

由以上数据分析发现，对于相关的传统文化教育资源，德育干部所在的学校非常需要借助社会文化资源平台。

3. 家长对学校实施的认识

Q：您觉得对孩子进行传统文化教育的主要责任在

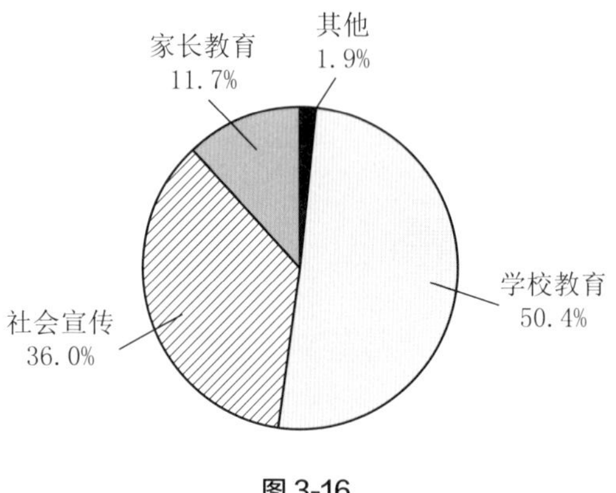

图 3-16

由以上数据分析发现，一半家长认为对孩子进行传统文化教育的责任主要在学校，很少有家长认为责任在自己，这说明家长对协同育人的认识还是不够的。

Q：您孩子所在的学校是否也会举办一些外国节日活动

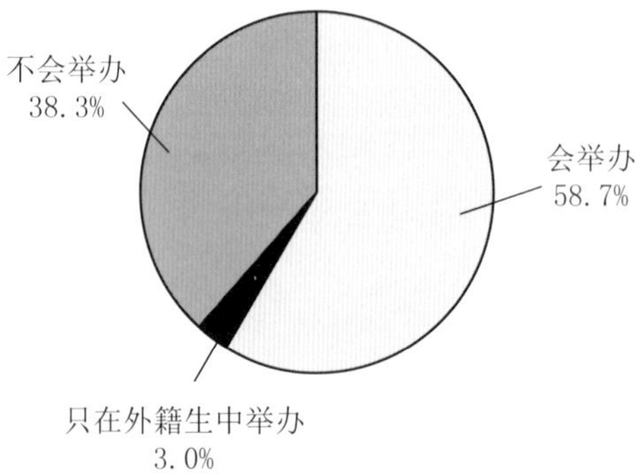

图 3-17

Q：您孩子所在的学校在环境营造上是否有传统文化的体现

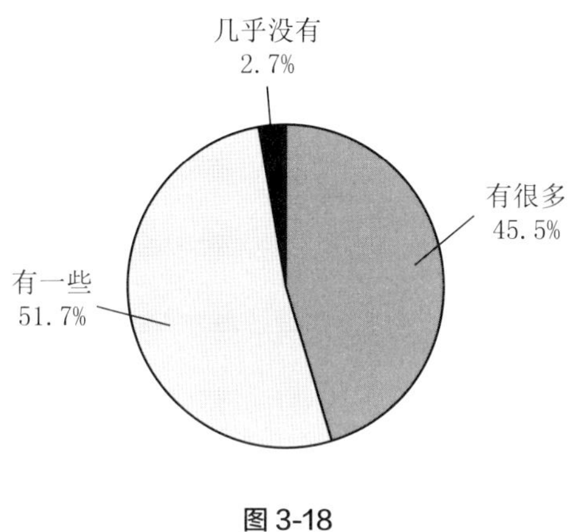

图 3-18

Q：您孩子学校的老师对传统文化教育的重视程度如何

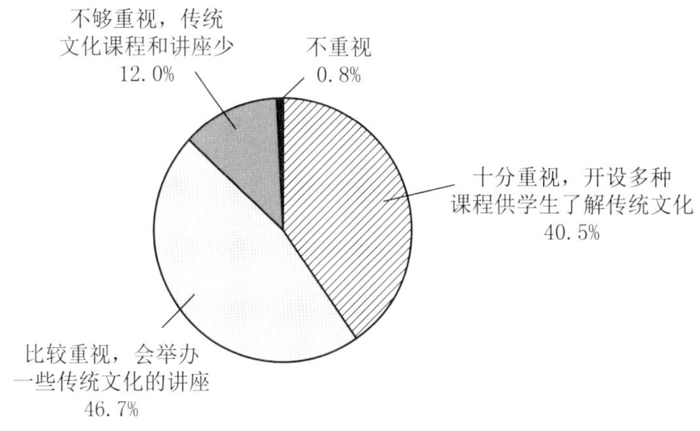

图 3-19

由以上数据分析得知，多数家长认为孩子所在的学校在环境营造上有一些传统文化的体现，但比学校的校领导和德育干部的认识要低，这主要是家长不经常到校，感受度会小一点。家长也感受到学校对传统文化教育比较重视，会举办一些传统文化的讲座，超过一半的学校会举办外国节日活动。

Q：您参加过您孩子学校举办的传统文化活动吗

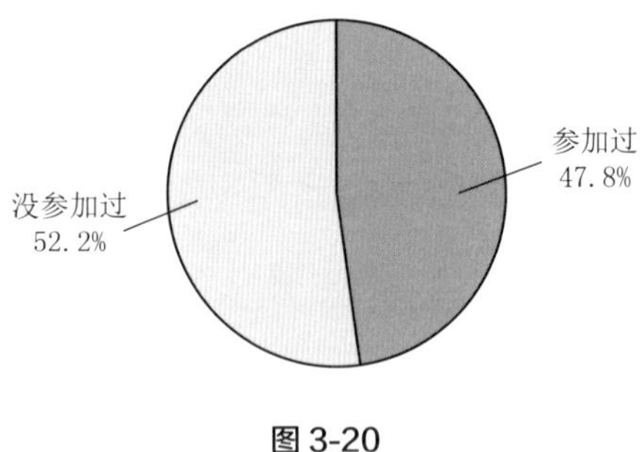

图 3-20

其中有将近一半的家长参加过学校举办的传统文化活动，这也印证了闵行区中小学开展传统文化教育的广泛性。

Q：您也会经常性地对孩子进行传统文化教育吗

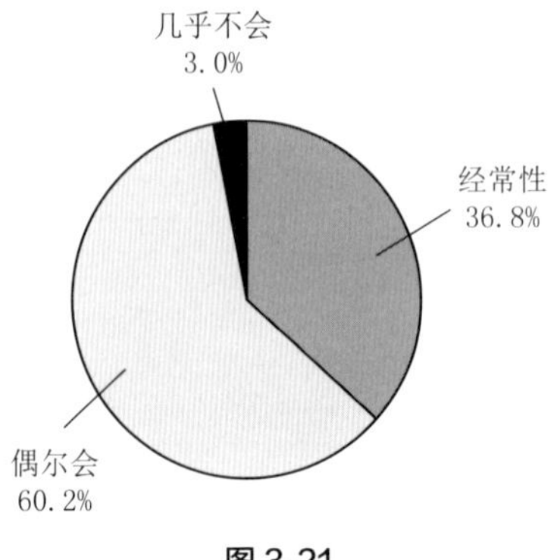

图 3-21

Q：对孩子进行传统文化教育，您的做法是（前四条）【多选】

表 3-50

选　项	小　计	百分比
道理说教	5473	50.6
提供学习材料	4796	44.4
营造传统节日氛围	8602	79.5
坚守传统习俗	6474	59.9
课外学习一两门传统文化技艺	3465	32
旅游参观感受	5115	47.3
其　他	94	0.9
有效填写量	10815	

Q：您认为对孩子进行传统文化教育的侧重点应该在【多选】

表 3-51

选　项	小　计	百分比
传统美德教育	10159	93.9
传统技艺学习	5847	54.1
传统文学学习	7430	68.7
传统习俗学习	7741	71.6
其　他	145	1.3
有效填写量	10815	

Q：对孩子进行传统文化教育，你们全家的态度很一致吗

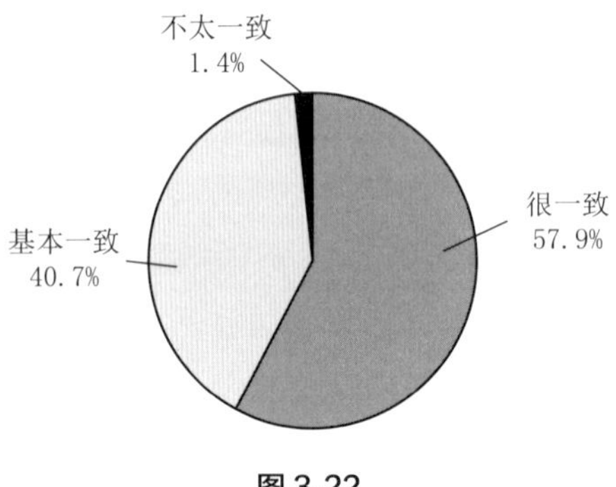

图 3-22

由以上数据分析得知，多数家长会对孩子进行传统文化教育，相当一部分家长会经常性开展教育。家长教育主要通过节日气氛的营造、传统习俗的坚守、旅游参观等途径进行，侧重点主要在传统美德教育、传统习俗学习、传统文学学习、传统技艺学习这些方面。关于对孩子进行传统文化教育，多数家长的全家态度是很一致的。

4. 中学生对学校实施的认识

Q：您的学校对传统文化保护的宣传情况如何

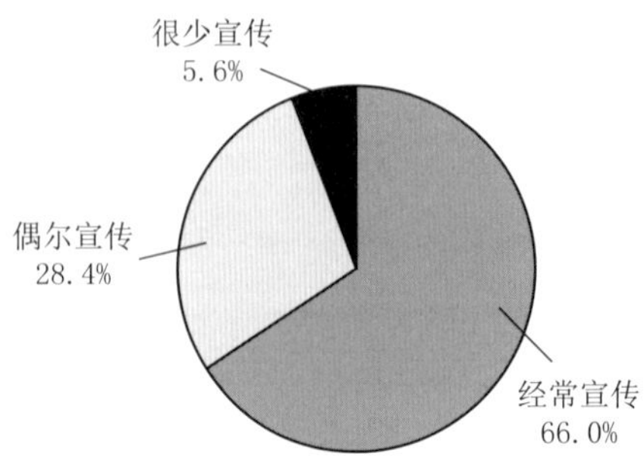

图 3-23

Q：您认为您的学校对传统文化的重视程度如何

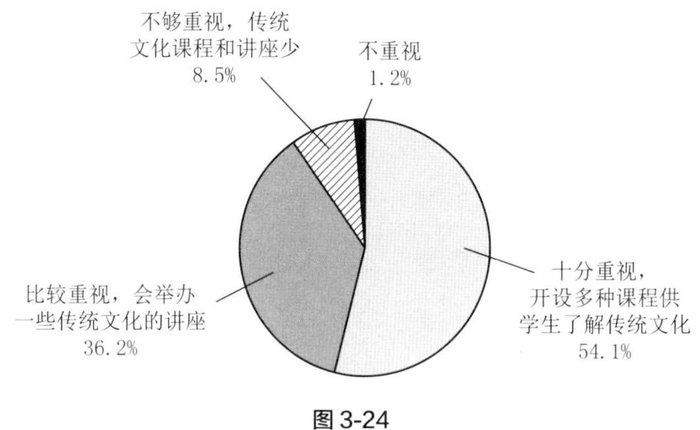

图 3-24

Q：您所在的学校是否开设中国传统文化课、兴趣班

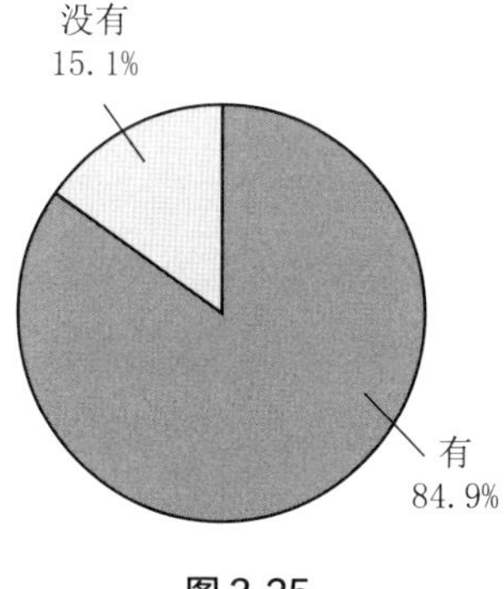

图 3-25

Q：您所在的学校开设中国传统文化课的主要形式是【多选】

表 3-52

选　项	小　计	百分比
文化讲座	5152	78.8
技艺培训	4267	65.3
外出实地考察	2011	30.8
没开设	554	8.5
其　他	223	3.4
有效填写量	6537	

由以上数据分析得知，超过一半的中学生所在的学校会经常宣传传统文化保护，对传统文化十分重视，开设了多种课程供学生了解传统文化，超过 3/4 的学校开设了中国传统文化课、兴趣班。中国传统文化课的主要形式以文化讲座为主，也有技艺培训与少量外出实地考察。

Q：您更喜欢的学校的传统文化教育课的形式

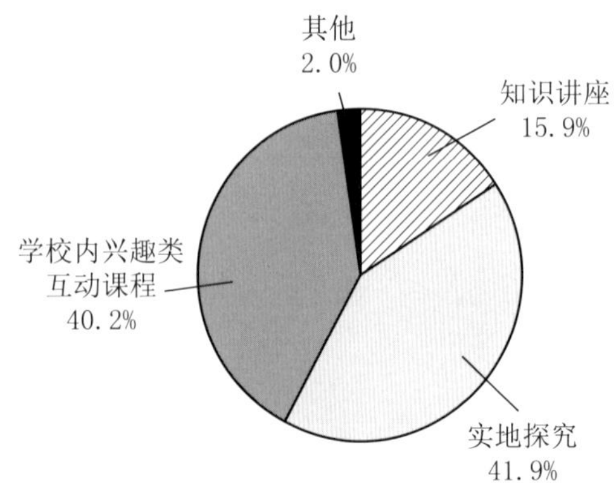

图 3-26

Q：您在参与学校的中国传统文化课程中遇到的问题

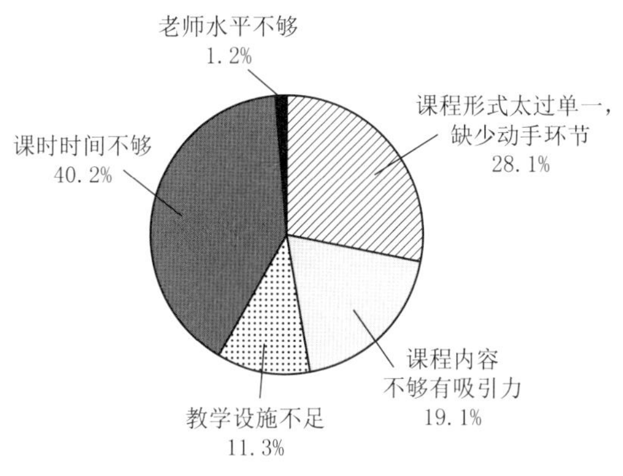

图 3-27

由以上数据分析得知，对于学校的传统文化教育课，中学生最喜欢实地探究和学校内兴趣类互动课程。在参与学校中国传统文化课程中遇到的最主要的问题是课时时间不够，其次还有课程形式太过单一，缺少动手环节，课程内容不够有吸引力这样的问题。

5. 小学生对学校实施的认识

Q：您的学校对传统文化保护的宣传情况如何

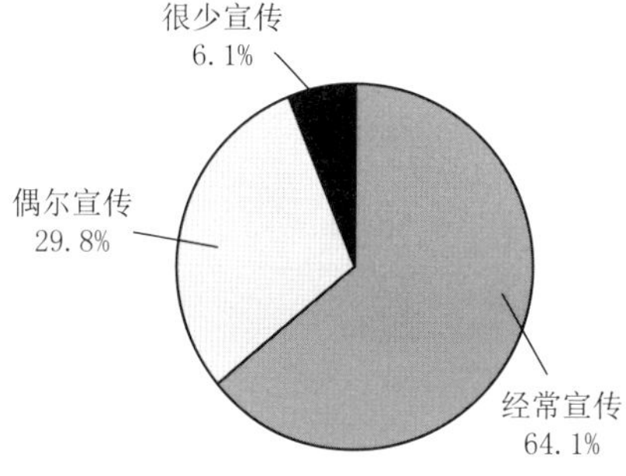

图 3-28

Q：您认为您的学校对传统文化的重视程度如何

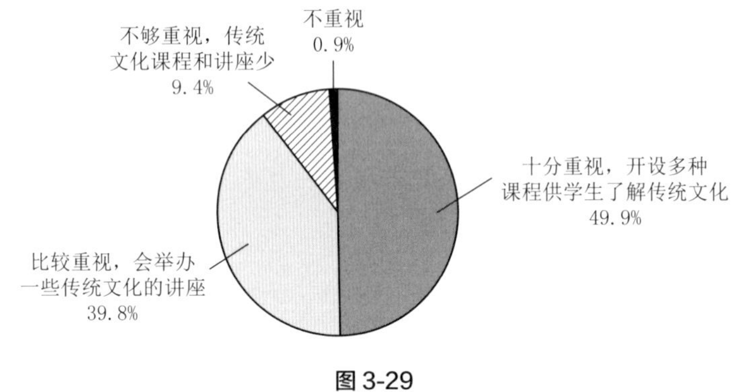

图 3-29

Q：您所在的学校是否开设中国传统文化课、兴趣班

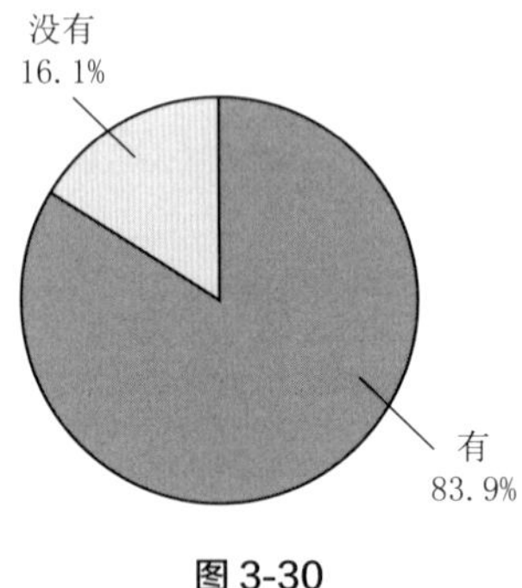

图 3-30

Q：您所在的学校开设中国传统文化课的主要形式是【多选】

表 3-53

选　项	小　计	百分比
文化讲座	5651	71.1

续表

选　项	小　计	百分比
技艺培训	4974	62.6
外出实地考察	1794	22.6
没开设	697	8.8
其　他	345	4.3
有效填写量	7948	

由以上数据分析得知，小学生的回答基本上与中学生的相仿。超过一半的小学生所在的学校会经常宣传传统文化保护，对传统文化十分重视，开设了多种课程供学生了解传统文化，超过 3/4 的学校开设了中国传统文化课、兴趣班。中国传统文化课的主要形式以文化讲座为主，也有技艺培训与少量外出实地考察。

Q：您更喜欢的学校的传统文化教育课的形式

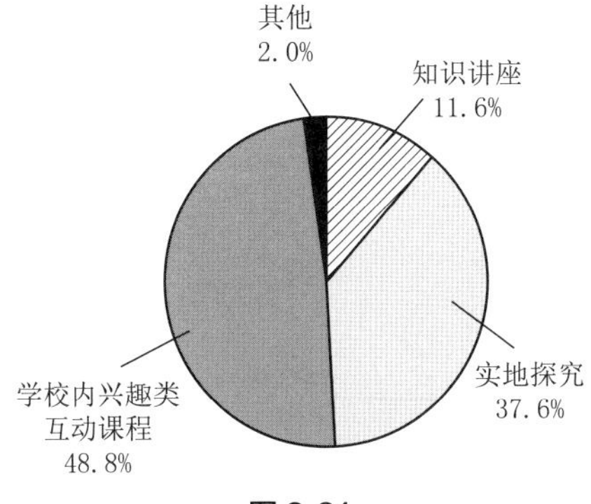

图 3-31

Q：您在参与学校中国传统文化课程中遇到的问题

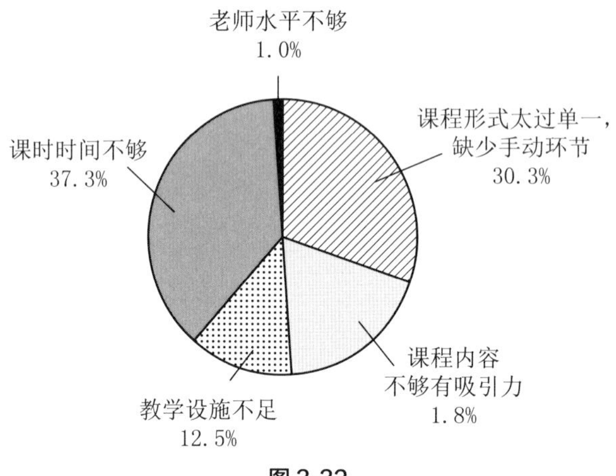

图 3-32

由以上数据分析，对于学校传统文化教育课的体验，小学生与中学生感受比较一致。

二、结论

（一）基本结论

由问卷调研数据可看出，在闵行区教育局对传统文化教育实践的全面推进和指导下，闵行区各中小学校认真践行、大力实施，取得了优异的工作成效。此调查结果奠定了传统文化教育在闵行区中小学校的实行和推广的工作基础，预示了闵行区传统文化教育事业良好的发展前景及优异的工作成效。

1. 对非遗及传统文化教育有较高的认同感

通过对调研结果的详细分析可以发现，闵行区学校领导、德育干部及家长群体对非遗及传统文化有较高程度的认识和了解，为中小学生营造了一个良好的传统文化学习氛围。总体来说，对传统文化及非遗都有一个基本的认识和了解，其中有少数调研对象对传统文化了解深入，且对传统文化及非遗持正面态度的调研对象占整体的大部分。

一是学校领导认真贯彻闵行区教育局对传统文化教育的推广政策，在学校中大力推广传统文化及非遗教育相关课程和教育活动，始终起到引领带头作用。

二是学校德育干部组织多种形式的主题鲜明、内容丰富的传统文化推广教育活动，身体力行地传承传递优秀传统文化。

三是家长群体对非遗及传统文化的高度认可及对学校传统文化教育的支持和配合，是学生认识和接受传统文化的重要支持力量。

四是闵行区中小学生对传统文化有广泛而深刻的认知、积极浓厚的兴趣，这成为开展传统文化教育的源动力。

2. 学生参与中华优秀传统文化有较强的体验感

由问卷数据可以看出，闵行区中小学生群体整体上对传统文化都抱有积极的情感，具体表现为调查对象在日常学习、生活中都较多积极地学习和接受传统文化教育活动，在参与相关活动的过程中，对传统道德、传统习俗、传统技艺等都有较深刻的体验感受，进而升华为内在的文化自信。

3. 学校开展传统文化教育的实践丰富多彩

通过对问卷数据的分析可以得出，主要调研对象——闵行区中小学生都高度认同学校传统文化教育的主导性功能，他们普遍感受到所在学校在校园文化环境营造、主题教育活动开展、社会实践活动组织等方面将传统文化教育进行得有声有色，丰富多彩，在参与的过程中，学生们感受到传统文化的魅力，体会到珍贵的文化内涵，吸收到文化养分。

如此，从整体态势上看，闵行区中小学开展传统文化教育普及性工作目前取得了阶段性的成果，具体体现在参与学校多，参与调查的绝大部分学校都积极响应传统文化教育普及工作，在校内组织了多种形式的特色纷呈的相关教育活动；参与的学生多，学生们在校领导的大力推广下，在德育干部的专业带领下，在家长的积极配合下，从多方面或接受或主动参与传统文化教育活动，形成了点多面广的积极态势，形成了品牌优质的效应。

（二）现状评价

闵行区是一个人口导入区，学校很多，生源多样，文化多元，加上信息化背景，学校传统文化教育遇到了新挑战，对在区域层面推进传统文化教育实践提出了新的工作要求。通过数据调查，可总结出不同群体、工作成效等方面的现状。

1. 不同群体的现状

学校领导在推进非遗及传统文化教育实践的工作上，普遍有责任感、有工作计划、有实施途径，通过课程建设、活动组织、师资培训、社会协同等途径推进学校传统文化教育，建设校本项目，形成学校传统文化教育工作特色。

各校德育干部是推进学校传统文化教育的中坚力量，他们努力提升自身教育水准，认真策划主题教育活动，组织实施各项实践项目，结合自身教育经验，针对一线工作实际创造性地落实学校传统文化教育目标，达成教育效果。

学校的传统文化教育得到了家长的普遍认同和支持，很多家长不仅积极参与学校的传统文化教育活动，还身体力行地带领孩子参加传统民俗活动，在亲子活动中与孩子共同感受传统文化的魅力，给孩子以支持和鼓励。

闵行区各中小学学生已经广泛参与到传统文化教育活动之中，他们对传统文化的认同度很高，接受渠道广阔，参与热情高涨。对传统文化中技艺类、手工类的体验式教学需求度较高，对传统节日、习俗的感知度深。

2. 各校开展中华优秀传统文化的现状

一是实施内容具体化。从调查问卷收集到的信息来看，传统道德教育、传统文艺作品阅读、传统节日体验、非遗文化传承是闵行区各中小学在开展传统文化教育推广工作中具体实施的主要内容。涵盖了对传统文化的认识和了解、体验和学习、吸收和践行、传承和传播等方面，有助于树立传统文化的正面价值，拉近传统文化与学生们的距离，正确高效地推进传统文化教育工作。

二是教育形式多样化。校园环境布置、主题教育活动开展、手工艺兴趣班开设、社会实践活动组织、文化讲座举办是各学校开展传统文化教育的主要形式。通过硬件设置，在校园内营造浓郁的传统文化学习氛围；借住校外平台，将优秀传统文化教育活动引进校园；补足校内师资力量，拓宽对传统文化种类的覆盖面；带领学生走出校园，以参与校外活动的方式来丰富教学形式，增强学习效果。

三是活动方式层级化。教育局主导传统文化教育活动，学校创新活动方式，是闵行区传统文化教育的基本模式。以闵行区教育局为主要倡导者，确立闵行区传统文化教育推广工作基本思路，监督教育工作进程，及时检验工作成果，总结经验并发现不足；学校作为活动执行单位，大力开展传统文化教育活动，发挥各校自身独特优势，开展特色教育教学活动，在此过程中积极与其他学校及社会各界交流合作，及时更新教育理念，不断完善教学手段，在区教育局的领导下积极践行区传统文化教育理念。

四是家、校、社三方教育协同化。家长认可学校大力推广传统文化的教育理念，积极参与学校传统文化教育活动，主动开展亲子教育活动，配合学校开设多种形式的传统文化育人课程，大力支持子女对传统文化的兴趣和爱好，呈现协同育人的良好工作面貌。

三、问题不足

（一）对传统文化的认识深度不均衡，深度还不够

从调研数据看，部分校领导、德育干部对传统文化的认识深度不够，没有把握住传统文化的内涵和精髓，自身尚未树立坚定的文化自

信，对传统文化发展现状的判断不够精准，导致无法针对实际情况有效开展传统文化教育教学工作。同时有部分学校工作的主体性动力不足，在具体实施传统文化教育工作的过程中依赖教育局的工作布置，自主开发能力不足，没形成创造性开展工作的机制。

（二）对传统文化教育的组织保障还存在差异

总体上，学校在开展传统文化教育工作的过程中普遍存在教育时间不够、频次较少、师资短缺、硬件配置不足的问题，较之于学生较高的参与热情，学校在保障条件上，还需要制度供给、经费投入和资源整合等措施，提升关注度，提高教学水平。

个体上，有的学校在面对全体教师开展传统文化教育的培训上尚有欠缺，校方未建立起全方位、高质量的传统文化教育机制，教师群体自身传统文化素养的缺失导致学生难以接受到高质量的传统文化教育；家长与校方的配合度不够，使学生在学校以外的传统文化学习中，容易出现时间漏洞或学习效果减弱的问题，学校对家长开展传统文化教育的引导还比较欠缺，在传统文化教育上还没有建立全员育人的机制。

四、对策建议

（一）进一步提高思想认识

1. 正确理解传统文化在德育中的必要性

我国拥有悠久而丰富的传统文化，这一文化遗产承载着人们千百年来的智慧和价值观念。将优秀传统文化融入学生德育，不仅是对文化传承的延续，更是对未来社会建设的有力支撑。中华优秀传统文化与现代德育的关系，实则上是德育与文化的关系。从总体上看，文化与德育之间是相互蕴含、相向互动的辩证关系。文化是德育的母体，德育是文化的重要组成部分。随着中国特色社会主义事业的不断发展，德育作为塑造未来社会的关键一环，亟待进行创新性建设。优秀传统文化蕴含丰富的哲学思想、伦理道德和历史故事，是培养学生优秀品质的理想选择。通过进行传统文化教育，学生不仅能够从中汲取智慧，而且可以培养出正确的价值观，提升他们的社会责任感，为未来的个人发展和国家建设奠定道德基础。

2. 传统文化与德育融合是新时代学校德育工作的新途径

传统文化教育是中小学德育的重要内容，是培养学生爱国主义精神，坚定文化自信的重要载体，也是弘扬中华民族优秀传统文化的必要途径。学校的校领导、德育干部，乃至家长都应该树立对传统文化的正确观念，以辩证的态度认可优秀传统文化精髓，摈弃落后时代糟粕，提高思想认识，从立德树人的角度，发挥个人所属角色的教育作用，全方位多角度地涵盖中小学生日常学习生活，将传统文化教育的责任承担起来。教育部门要从体制机制上建立实施传统文化教育的保障机制，鼓励学校开展此项教育工作，对成果优秀的学校采取积极奖励机制，使传统文化教育在中小学全覆盖。

（二）进一步构筑教育高地

1. 整体构建，有层次均衡化发展

近年来，开发和利用中华优秀传统文化中的德育资源日益受到人们的重视。学校德育应用传统文化的路径是多层次、多角度的，它需要在课程设计、师资培训、家庭和社会参与等方面开展工作，以确保传统文化能够深入融入学生的德育。闵行教育局以推动区各中小学优秀传统文化教育均衡化发展作为重要抓手，以此整体提升区优秀传统文化教育水平线。

2. 突出重点，有示范项目化推进

要充分认识中华传统文化教育特色校、示范校所起的示范引领作用，在优秀传统文化教育上“填谷”“筑峰”。以项目化推进“一校一品”，推进优秀传统文化教育进校园、进校外、进家庭，形成学校示范、项目示范、师生示范、家庭示范。积极拓展区“优秀传统文化教育校”“优秀传统文化教育项目”比例，开展区“优秀传统文化教育百校千生工程”建设。

（三）进一步丰富教育内容

1. 发挥中华优秀文化对学校德育的作用

中小学是教育的启蒙阶段，也是学习能力很强的阶段，是为树立正确的人生观和价值观打好基础的最佳时机，具有极强的可塑性。在这个阶段，我们要厚植爱国主义情怀，着重培养孩子对传统文化的正确认

知，通过传统文化的教育来培养孩子的道德观念、文明习惯、进取精神和远大理想。具体表现在：一是传统文化本就为德育管理的重要内容；二是加强学生的传统文化学习，有助于使学生正确认识到传统文化的精髓；三是传统文化中蕴含丰富的德育元素，包含尊老爱幼、尊师重教、诚实守信、明理增信等，有助于学生三观的形成。

2. 推进传统文化教育的内容选择

学校进行什么样的教育会对学生的价值观、行为规范等产生巨大的影响。加强中华优秀传统文化教育，要加强对中华优秀传统思维方式、价值取向、伦理观念与理想人格的传播与教育，而这些内容则大概可归纳为自强不息的民族精神、修齐治平的家国情怀、崇德向善的道德追求和“内圣外王”的人格修养。因此，在教学内容上融入儒学、美德、礼仪、民族精神、榜样、诚信和谐观等内容，加强儒学伦理教育，倡导道德体验教育，开展民族英烈教育，以此提升青少年的奋斗精神、进取精神、创造精神等，形成健全的人格结构，奠定积极向上的人生基调，树立正确的社会主义核心价值观。

3. 基于学生实际来实施教育内容

以增强学生对中华优秀传统文化的理解力为重点，注重认知与行为的结合，珍惜中华优秀传统文化的宝贵财富，从各种文化体验的感悟中提升学生的民族自豪感和民族归属感。其中，小学以培植情感为主，可以开展优秀传统文化启蒙教育；对初高中生，以增强学生对中华优秀传统文化的理性认识为重点，引导学生感悟中华优秀传统文化的精神内涵，认识国家前途命运和个人价值实现的关系，建立文化自信，使他们自觉维护民族团结、国家尊严和国家的核心利益。

（四）进一步创新教育形式

传统文化融入德育对中小学生成长、成才具有重要的意义。结合学校特色，用以文育人的创新方式探索传统文化融入学校德育教学的有效路径，进一步丰富和完善教育内容与形式，助力培养有理想、有担当的时代新人。

1. 抓好课堂教学主阵地

学校通过艺术教育、经典导读、看经典戏剧电影、文学导读、注重课程教材改革、重视校园文化建设等措施来实施传统文化教育，全面提升学生的素质教育。在传统文化课程上进行创新设计，并融入非遗手工技艺，定期邀请非遗传承人或传统手工艺匠人进校园，给学生普及非遗项目，教导学生亲手体验传统手工艺。

与此同时，应当充分利用信息化资源，实现德育、美育教学资源共享和远程教育资源对接，尤其注重把网上资源共享和实际艺术实践交流结合起来，将传统文化美育课程设计得有趣，增强体验，在动手动脑的过程中充分感受中华优秀传统文化的独特魅力。

2. 抓好传统文化主题教育

除了课堂主渠道之外，青少年的中华优秀传统文化教育，还需要丰富多彩的活动作为载体，通过主题教育实践，让优秀传统文化成为滋养青少年成长的充足养分和精神食粮，并以此作为载体，让青少年中华优秀传统文化教育更加深化、形成体系。比如，以“天下兴亡，匹夫有责”为重点的家国情怀教育活动、以“仁者爱人”为重点的社会关爱教育活动、以“正心笃志，崇德弘毅”为重点的人格修养教育活动等，从爱国历史事件、历史人物的学习了解做起，从学习现实生活中的先进人物、先进事迹做起，奠定爱国主义情怀的基础。

（五）进一步推进协同育人

中华优秀传统文化的传承和发展是一项系统工程，以协同育人是开展中华优秀传统文化教育的必然要求。

1. 协同育人的着力点

当下的传统文化教育还存在育人理念认知各异、共识不足，育人主体各自为政、融合不足，育人要素相对封闭、联动不足等协同难题。因此，推进中华传统文化教育的育人体系，需要设立相互贯通的目标体系，建立课内外联动机制，整合区域传统文化资源，形成协同培养模式等，以此共同提升中小学生对中华优秀传统文化的理解、认同、传播与创新能力。

2. 协同育人的要求

学校要对全体教师加强传统文化育人的宣传，通过创建区优秀传统文化教育学校和优秀项目，引导教师关注、关心学校传统文化教育活动，积极鼓励教师开设传统文化教育课程，形成激励机制，通过培训提升教师自身传统文化素养，间接提升教育水平。

家长是学校实行传统文化教育的坚强后盾，重视家庭德育是中华民族的优良传统，学校要组织家长开展传统文化教育培训，用好家长的课程资源，通过积极参与学校组织的家长学校、亲子互动等活动，进一步促进教育观念的转变和亲子关系的调适，从而增强家庭优秀传统文化教育的效果。

（六）进一步加强课题研究

1. 注重积累区本实践经验

为持续推进中华优秀文化教育区本化，形成闵行区德育工作特色，从理论和实践上研究中华优秀文化教育目标、课程载体、实施途径、活动方式和师资建设等重大课题，对传统文化教育进行全方位、多维度、有价值的探索，形成可复制、可推广的研究成果。

2. 注重形成校本传统文化教育特色

如何让课堂教学和传统文化相融合，应成为教育工作者的重点思考课题，要让中华传统文化成为学校育人的底色、课程的底盘、中国人的底气。因此，区域学校要积极开展“传承中华文化 提升核心素养”的研究，将中华优秀文化传承与提升学生素养紧密结合，引导学生不断积淀人文底蕴，提高学生的文化理解与认同，弘扬民族精神，实现教育价值的根本追求。

由上，注重数据分析的本项研究以对样本做分类式分析的形式，客观、全面地分析了闵行区非遗及传统文化教育的传承和实施情况。从中我们看到，学校领导对非遗及传统文化教育的重视，相关老师的配合，学生们求知若渴的态度以及家长们的大力支持，这一切对于闵行区开展传统文化教育是一个很好的实证反馈，为之后的持续推广与发展奠定了良好的基础。当然，在反馈过程当中，我们也看到了一些问题与不足，通过调查可以进行针对性的改革与推进。这次研究结果作为闵行区推进传统文化教育实施的主要依据，有着指导性的意义。

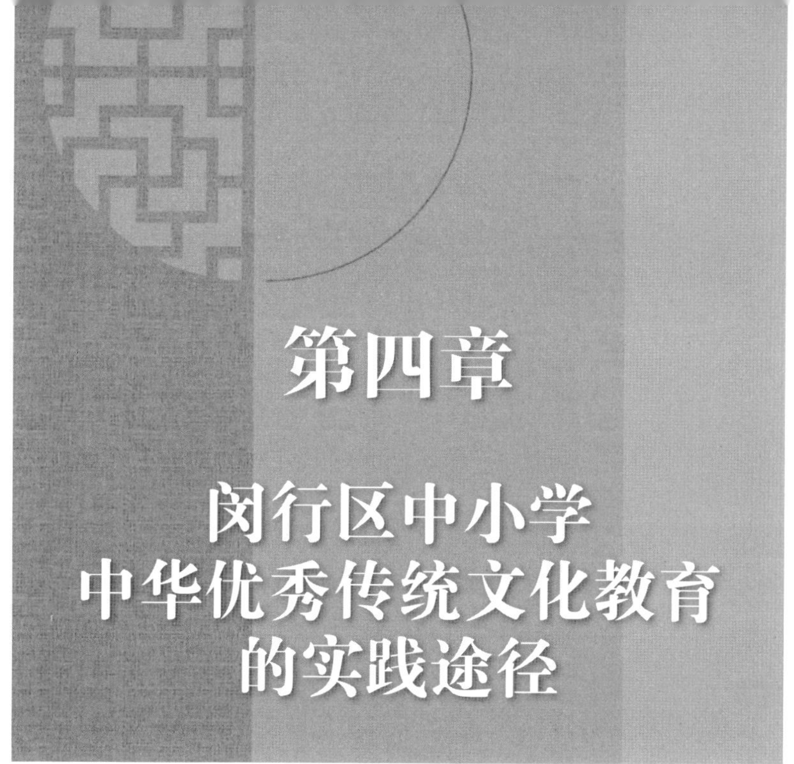

第四章

闵行区中小学中华优秀传统文化教育的实践途径

德育应用传统文化是一项具有深远意义的任务。传统文化作为中华民族的瑰宝，不仅承载着丰富的历史和文化底蕴，而且蕴含着宝贵的价值观念。通过传承和弘扬传统文化，能够为学生的德育提供独特的资源和路径。在学生德育中，传统文化与之紧密相连。它传承了价值观念，塑造了文化认同，树立了道德楷模，传承了社会规则，为学生提供了丰富的精神食粮。通过科学设计教学课程、积极进行师资培训和号召家庭和社会参与等路径，能够更好地将传统文化融入学生的德育中，培养学生的社会责任感和文化认同感。通过社会各界的共同努力，为学生的德育注入传统文化的力量，使他们在成长过程中汲取文化智慧，树立正确的价值观，为社会的繁荣和进步贡献自己的力量。可以为中华民族的传统文化传承和社会的和谐发展做出积极的贡献。

一、研讨中华优秀传统文化德育体系建设，形成区本顶层设计

在前期调查研究的基础上，课题组召开区级中华优秀传统文化教育研讨会，深入研讨优秀传统文化教育区本德育体系建设，形成闵行区中小学中华优秀传统文化育人的顶层设计，编制《闵行区中小学中华优秀传统文化教育指导意见》。中华优秀传统文化教育的德育体系建设主要从目标、原则、内容和保障四个方面进行设计。

（一）中华优秀传统文化教育的目标

1. 总体目标

建设具有鲜明区域特色，小、初、高一体化的中华优秀传统文化教育体系；培养学生爱国情怀，增强学生国家意识；坚定文化自信，热心文化传承，提升学生的中华优秀传统文化素养，促进学生全面发展。

2. 学段目标

在总体目标的基础上，按照学段分成一至二年级、三至五年级、六至九年级、十至十二年级，对每个学段在知识技能、实践体验、情感态度三个方面应达到的中华优秀传统文化教育目标进行细化（见表 4-1）。

（二）中华优秀传统文化教育的原则

1. 坚持区本特色，深化工作指导

根据 2017 年上海市闵行区颁布的《关于落实〈关于实施中华优秀

表 4-1 中华优秀传统文化教育的学段目标框架内容

学 段	知识技能	实践体验	情感态度
一至二年级	1. 了解中华优秀传统文化的主要内容、表现形式 2. 了解中华传统文化节日和生活中与中华传统文化相关的事物	1. 参观一些中华优秀传统文化展馆 2. 学会简单制作一些表现中华优秀传统文化的作品 3. 积极参与中华优秀传统文化展示活动	1. 热爱中华优秀传统文化 2. 对中华优秀传统文化产生兴趣
三至五年级	1. 了解闵行区中华优秀传统文化的品牌特色 2. 掌握中华优秀传统文化“一校一品”的校本品牌特色	1. 参观一些闵行区中华优秀传统文化展馆 2. 学会制作一个比较精良的表现中华优秀传统文化的作品 3. 积极参加中华优秀传统文化“一校一品”活动及区级比赛展示活动	1. 热爱中华优秀传统文化，积极宣传中华优秀传统文化 2. 对若干个中华优秀传统文化项目有浓厚的学习兴趣
六至九年级	1. 了解中华传统文化的发展历史和光辉灿烂的成就 2. 懂得一个非遗项目的相关知识和制作技能	1. 参观一个闵行区非遗项目展馆，并进行实践制作 2. 结合综评，掌握一门中华优秀传统文化技艺并能展示交流 3. 积极参加中华优秀传统文化“一校一品”活动及市、区级比赛展示活动	1. 热爱中华优秀传统文化，激发爱国主义情感 2. 能具体谈论学习中华优秀传统文化的体会
十至十二年级	1. 能区分中华传统文化的精华与糟粕，认识中华优秀传统文化在世界的影响力 2. 深入研究一个中华优秀传统文化项目，了解其发展历史和传承方式	1. 对中华优秀传统文化积极开展调查研究，撰写研究报告 2. 结合高中综评，参加一个中华优秀传统文化展馆的志愿者服务 3. 积极参加中华优秀传统文化市、区级比赛展示活动	1. 通过学习中华优秀传统文化，增强文化自信，坚定实现中国梦的信心 2. 提高对中华优秀传统文化的鉴赏品位，提升文明修身品质

传统文化传承发展工程的意见〉的通知》，制定《闵行区中小学中华优秀传统文化教育行动指南》，进一步推进和深化闵行区中华优秀传统文化的研究阐发、教育普及、保护传承、创新发展和传播交流等工作，培育具有闵行特色的传统文化教育品牌项目。

2. 坚持体系建设，创新教育形式

加强小学、初中、高中全学段的中华优秀传统文化教育活动体系建设，通过课程育人、文化育人、活动育人、实践育人、管理育人和协同育人等途径加以实施。不断创新中华传统文化教育活动形式，激发学生的学习兴趣，有效实施活动评价。

3. 坚持五育并举，促进全面发展

充分挖掘中华优秀传统文化教育中德育、智育、体育、美育和劳动教育的元素，有机融合，因地制宜，促进学生在有关中华优秀传统文化的知识技能、实践体验、情感态度上不断内化、提升。

4. 坚持队伍建设，整合教育资源

加强中华优秀传统文化教育的师资队伍建设，引导教师积极参与优秀中华传统文化教育活动，鼓励创建学校、个人教育特色。坚持学校教育、家庭教育、社会教育相结合，充分利用区域性优秀中华传统文化教育资源，扩大教育覆盖面。

（三）中华优秀传统文化教育的实践路径

确定中华优秀传统文化教育的实践路径是本课题的重中之重。在以往实践工作的基础上，依照系列化、知行合一、创新发展的原则，从课程、活动、资源、评价等方面“填谷筑峰”，形成闵行区中小学传统文化教育的顶层设计与实践路径：加强中华优秀传统文化课程建设，积极落实学科渗透；开展中华优秀传统文化主题教育，有效组织德育活动；推行中华优秀传统文化“一校一品”，形成校本教育特色；推动中华优秀传统文化教育走进家庭，形成家校共育风尚；实行中华优秀传统文化教育校际联动、校企联动、校馆联动，整合教育资源；实施中华优秀传统文化教育区级评价，以评促建，持续发展。

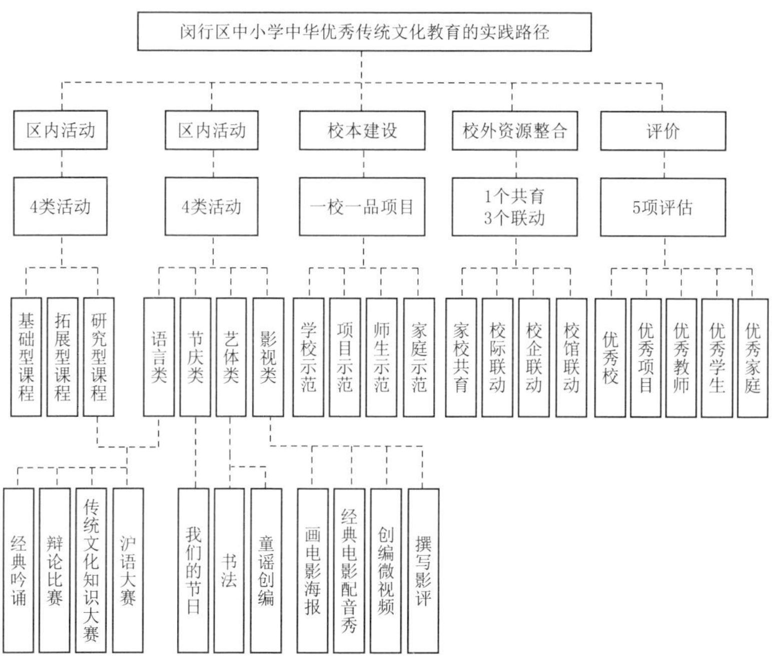

图 4-1　闵行区中小学中华优秀传统文化教育的实践路径

1. 依托"我们的节日"，一体化推进节日主题教育项目

区域以"我们的节日"为载体，从"了解传统节日、体验传统习俗和参加节日文化活动"三个环节入手，精心设计、开展各类基于日常生活、基于真实体验的朴实而又生动的传统节日教育系列活动（见表4-2），引导师生对中华优秀传统文化的认知认同，增进文化自信，增强爱党爱国爱社会主义的情感。

表 4-2 闵行区"一起过节"中华传统节日安排

学　段	目标任务	节日名称	节日时间	负责学校
9月—10月	完成传统节日的各年级课程设计	1. 春节	农历正月初一	曹行中学
		2. 元宵节	农历正月十五	鹤北中学
		3. 清明节	4月4日（或5日）	闵行小学
		4. 端午节	农历五月初五	颛桥中学
		5. 七夕节	农历七月初七	鑫都小学
		6. 中秋节	农历八月十五	罗阳中学
		7. 重阳节	农历九月初九	汽轮科技实小
		二十四节气		福山实验
11月	修改、完善	展示评价		

（1）统筹设计，区域整体推进

以中华传统节日为重点，以文明、健康、和谐的节日理念，以春节、元宵节、清明节、端午节、重阳节、中秋节等重要节日为载体，突出培育全社会的家国情怀，大力弘扬中华民族传统美德，闵行区教育局

联合区文化办，组织师生、家长参加“萃荟元宵”游园会、“龙跃浦江”端午文化节、“月满水博园”马桥中秋民俗文化活动、“九九颛桥·重阳糕会”等节庆活动，在常态化、群众化的活动中起到以文化化人、成风化俗的效果，也让大家在参与民间工艺、习俗游戏、舞台表演、品尝制作传统美食等喜闻乐见的活动中，更好地了解中华传统节日文化的知识，体验各种民俗节日风尚，引导人们把爱国与爱家统一起来。

(2) 基于主题，构建校本节庆特色

以中国传统节日为载体，区域积极探索中小学贯通的传统文化教育体系，充分挖掘节日蕴含的传统文化内涵、爱国主义情感、传统美德等教育内容，从而在一系列的礼节和民俗活动中把仁、孝、慈、义、和、信、俭、廉、耻、善等渗入到育人过程中，细化到良好家风的培育和传承中，引导青少年珍惜和感恩现在的幸福生活。

在全区每一年推进的“我们的节日”进校园活动中，形成了颛桥小学“颛小鼓娃过节”系列，汽轮小学、闵行区实验小学、明强小学的“校园四季”系列，航华一小的“话香囊、闻香囊、舞香囊、做香囊、创香囊”过好端午节等系列节日品牌活动。各校以主题教育活动单的形式，开展了各具特色的、系列化的“我们的节日”主题教育活动。下面摘录区域学校开展节日系列实践的内容：

“百善孝为先，德行孝先行”

——上海市闵行区汽轮科技实验小学重阳节活动

尊老、敬老是我们中华民族的传统美德，是祖辈们传承下来的宝贵精神财富，是我们公民最基本的道德素质体现，也是中华民族强大的凝聚力和亲和力的体现。2012 年，全国人大常委会修订通过的《中华人民共和国老年人权益保障法》规定每年农历九月初九为“老年节”。为了弘扬中华民族尊老、爱老的传统美德，在全社会形成尊老、爱老、敬老的良好氛围，我校结合区域文件精神开展了社会主义核心价值观系列活动之“我们的节日·重阳节”主题教育系列活动，旨在引导学生了解、认同、喜爱中华民族的传统节日，让学生懂得“老吾老以及人之老”的道理。

一、落实要求，传承美德

我们利用升旗仪式、班会课、午会课，让我校学生了解重阳节的传统习俗，通过从日常做起，从关爱自己家中的老人开始，让学生亲身实

表 4-3　校级开展“我们的节日 · 重阳节”年级活动单

“我们的节日 · 重阳节”各年级活动单		
活动年级	活动主题	活动内容
一、二年级	“说孝语”	对长辈说几句祝福语，或录制祝福歌曲视频等
三、四年级	“画孝心”	绘制“孝心小报”，表达自己对长辈的孝敬，并创编重阳童谣，并把作品诵读给长辈听
五年级	“尽孝意”	为长辈做一件力所能及的事情，比如一盘美味的菜肴，也可以到社区里，为社区中的老人做一件公益的事

践并懂得“孝心”“孝道”“孝义”，根据不同年级段学生的特点以及结合重阳节传统美德“敬老”的节日内涵，全校开展重阳节主题班会，设计不同的活动单，引导学生在了解节日习俗的过程中，知道重阳节带给我们的不仅是登高、赏菊、吃重阳糕的习俗，更要弘扬和传承中华传统美德——“孝亲敬老”。

通过“说孝语”“画孝心”“尽孝意”三个主题版块，让不同年龄段的学生以“孝”为名，培养学生们从小尊老、敬老、爱老的传统美德，增强对长辈和对老年人的敬爱之情，树立正确的价值观，丰富校园精神文化生活。

二、多元课程，营造氛围

我们将行规养成要求和“我们的节日”系列活动及学科教学结合在一起，如语文课上低年级是诵读重阳节诗歌、中年级是创编重阳童谣、高年级是写重阳节中的一件事；音乐课上以学唱重阳节的相关歌曲为主，《外婆的澎湖湾》《重阳节儿歌》《爷爷年纪大》等；数学课上学会如

何给家中的长辈平均分重阳糕；探究课上收集关于重阳节的来历、文化习俗小知识；自然课上了解重阳节的节气、季节特征；体育课上让学生做做重阳节的小游戏、登高、放纸鸢的活动；利用雏鹰假日小队活动，组织小队成员到退休老师家进行慰问活动，用实际行动关爱学校的退休教师。

通过上述形式多样、富有成效的主题实践活动，展现了我校学生尊老、敬老的精神风貌，进一步营造了“孝亲敬老”的良好氛围，大力践行社会主义核心价值观，弘扬中华文化和传统美德。

三、家校结合，教育合力

除了在学校里开展的相关敬老活动，我们还把活动延伸到家庭中，让学生和自己的父母共同参与，为家中的老人尽孝道，同感恩，既让学生和家长在活动中增进了亲子关系，更是一次很好的教育时机，让父母和孩子互做榜样，激发家庭成员间孝亲敬老的内在自觉性。

【活动案例】

“感恩重阳，老幼同乐”

——“紫马甲”妈妈课堂第一期活动“手工纽扣画”

2018 年 10 月 16 日，我校一楼书画雅苑中热闹非凡，第一期“妈妈课堂”紫马甲家长志愿者进校园上课啦，本次妈妈们上课的内容结合了“九九重阳节”的节庆活动，教三年级的孩子们制作手工纽扣画。

整堂课中，妈妈们身着紫马甲，手把手耐心地教孩子们进行制作，教会孩子们怎么粘贴，怎么穿扣子，虽然妈妈们都是第一次进入课堂给孩子们上课，但是大家都认真准备、细心教学，一点都不亚于老师们的课堂教学，这也使我校的紫马甲家长志愿活动又上了一个层次，拓宽了家长资源，集聚了家长们的智慧，使家校共育的育人核心理念又提升了。

通过此次活动，学校以培育和践行社会主义核心价值观为活动主线，以“我们的节日·重阳节”系列主题活动为平台，不仅把孩子们的双手锻炼得更灵巧、更协调，同时还培养了孩子们审美能力以及同学之间的互助、协作能力，更是让孩子们在亲手制作中传承了尊老敬老的传统美德，学会尊敬老人，爱护老人，倡导“孝亲敬老”的道德风范，让学生们从自身做起，礼貌对待老人，培育孩子们良好的文明素养，引导我校学生继承和弘扬中华民族的优秀传统！

通过学校开展的一次次活动，学生们加深了对“九九重阳节”的认识，同时也不再局限于只在重阳节时去尊老、爱老，而是把这样一份情意融入了日常生活中，平时会对家中的老人嘘寒问暖，懂得体贴，会主动做小家务，把“孝亲敬老”作为常态行规，我校抓住尊老、爱老、助老的活动契机，让学生真正去懂得关爱老人，彰显了学校尊老、敬老的优良传统！

2. 规划“一份活动菜单”，系列化开展主题大赛项目

闵行区教育局于每年 3 月制订年度“阅中华·悦成长”传统文化传承发展项目的实施规划；4 月召开区域传统文化工作推进会，商讨确定以“一份活动菜单”的形式部署和推进区域中华传统文化教育；5—11 月有计划推进和开展系列化、全覆盖的传统文化教育活动，以区域主题大赛形式，推动全区中小学全方位形成中华传统优秀文化教育的良好氛围。比如，根据“活动菜单”要求，区域制订和实施“一起参与”传统文化主题活动“4+1”系列（见表 4-4），以点带面地推动区域传统文化主题活动的不断深入。

表 4-4 “一起参与”(4+1)系列活动安排表

序号	开展时间	活动名称	承办学校	负责人
1	9月	1.“君莲杯”传统文化知识大赛暨探访实践活动	君莲学校	范　红
2	10月	2.“莘城杯”现场书法大赛	莘城学校	张玲芬
3	10月	3.“黎明杯”优秀书法作品大赛	黎明小学	钱海英
4	10月	4.“文来杯”经典吟诵主题活动	文来中学	任欢菁
5	11月—12月	传统文化教育推进会，发布各类评优结果，做好阶段成果梳理和新一轮项目培育	文来实验	杨　娟

(1)以教育“热点”为重点

在各类主题活动和赛事中，区域紧紧围绕教育的“热点”“重点”，设置主题，撰写方案，关注覆盖面和参与度(见表 4-5)。

表 4-5 “我们的节日·重阳节”各年级活动单

时　间	主题活动	参与对象	开展形式
4月	区域传统文化教育推进会	全体学校	表彰展示
5月	“美丽汉字”系列活动	小学	现场展示
5月	“文来杯”经典吟诵主题活动	初高中	现场展示
7月	传统文化主题研学	特长学生	简报汇编

续表

时 间	主题活动	参与对象	开展形式
7—9 月	“君莲杯”传统文化学习和探访	3 年级—高二	专题读本
10 月	“莘城杯”现场书法大赛	1 年级—高三	优秀作品集
11 月	“黎明杯”优秀书法作品展评	1 年级—高三	优秀作品集
12 月	申报优秀校、优秀项目、优秀课程和个人等	全体学校	
2 月	传统文化主题研学	特长学生	简报汇编
1—3 月	评选优秀、编辑成果	全体学校	成果集

以下摘录区域中华优秀传统文化教育主题活动的成果案例：

《区域中华优秀传统文化教育主题活动的设计与实施》

——以上海市闵行区中小学“君莲杯”传统文化知识竞赛与实践探访活动为例

闵行区青少年实践教育基地　张美琴

党和国家历来高度重视中华优秀传统文化的教育和传承。上海市闵行区统筹区域内外资源，自 2015 年开始在区域内举办面向中小学生的“君莲杯”传统文化知识竞赛与实践探访活动，在中华优秀传统文化主题教育活动的设计与实施上，走在前列。通过八年来的探索和实践，从规划构架、系统保障、主题深拓、内容融合、形式创新等各方面取得长足发展。“君莲杯”活动已建成主题相关度高、内容覆盖面广、师生参与率高、形式创新性强的区本中华优秀传统文化教育专项成果，培育成为区域中华优秀传统文化教育品牌，形成了良好的活动育人成效。

一、项目背景

“江河万里总有源，树高千尺也有根。”中华优秀传统文化是中华民族的文化根脉、精神命脉。2014 年 3 月，教育部印发了《完善中华优秀传统文化教育指导纲要》(以下简称“《纲要》”)，指出“中华优秀传统文化是中华民族语言习惯、文化传统、思想观念、情感认同的集中体现，凝聚着中华民族普遍认同和广泛接受的道德规范、思想品格和价值取向，具有极为丰富的思想内涵”，因此，在校园里扎实推进中华优秀传统文化教育，是推动文化传承创新、厚植文化自信根基的重要途径，是培育和践行社会主义核心价值观，落实立德树人根本任务的重要基础。

基于对《纲要》的深刻认识，为推动中华优秀传统文化教育进活动、进实践，区域于 2015 年开展了首届“君莲杯”中小学传统文化知识竞赛与实践探访活动(以下简称“‘君莲杯’活动”)，至今已经连续开展八届。八年来，“君莲杯”活动基于落实《纲要》指导精神，不断结合最新情况，深入贯彻落实党的十八大、十九大、二十大和习近平总书记关于继承和弘扬中华优秀传统文化系列讲话精神，从规划构架、系统保障、

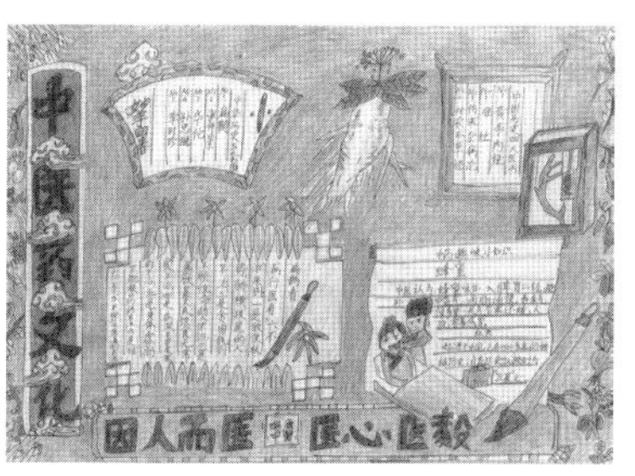

主题深拓、内容融合、形式创新等方面做了长期的探索和实践，逐渐培育为区域中华优秀传统文化教育品牌，形成了良好的活动育人成效。

二、项目设计

（一）整体规划，有机融合

《纲要》以弘扬爱国主义精神为核心，从爱国、处世、修身三个层次概括凝练中华优秀传统文化教育的主要内容。因此，区域坚持整体规划、分层设计、有机融合、系统推进的原则，在活动设计中将优秀传统文化教育与红色基因、乡土教育、传统习俗、民族团结、非遗传承、榜样教育等教育元素有机融合起来，同时也注重将学习知识、动手实践、探访研究、锻炼体魄、提升审美、思想品质教育等"德智体美劳"育人目标融进活动，进而引导学生更加全面准确地认识中华民族的历史传统、文化积淀、基本国情，培养富有民族自信心和爱国主义精神的社会主义事业建设者和接班人。

（二）循序渐进，落实目标

"君莲杯"活动主要由编写专题《读本》、学生阅读学习、参加知识竞赛、自主探访实践、形成探访成果、参与展示分享等环节组成。在形式设计上，以知识竞赛与实践探访为核心，点面结合、互为补充、相辅相成，集中统一于弘扬中华优秀传统文化教育的活动宗旨，目标明确，结构清晰，层次分明，与时俱进地推进中华优秀传统文化在校园的创新性传承与发展。

（三）多方联动，形成合力

"君莲杯"活动由上海市闵行区教育局、上海教育报刊总社主办，《当代学生》杂志、闵行区君莲学校联合承办。在实践中，三方分工协作，密切配合。闵行区教育局对活动方案、主题等进行指导并发文部署，相关科室与承办单位共同研究制订方案并组织发动、宣传推广；上海教育报刊总社《当代学生》杂志负责读本编写、赛事组织与命题等工作；闵行区君莲学校承担考场、考务，探访成果评审与展示等工作。同时，由区域、学校共同挖掘社会场馆资源，组织学生以团队、亲子形式开展实践探访活动。最后，由各方共同参与总结活动的组织、评价和成果展示等，形成了有效的运行模式。

三、项目实施

在《纲要》中指出："中华优秀传统文化积淀着多样、珍贵的精神财富，是中国人民思想观念、风俗习惯、生活方式、情感样式的集中表达，滋养了独特丰富的文学艺术、科学技术、人文学术，至今仍然具有深刻影响。"因此，活动中要让"中华民族最基本的文化基因与当代文化相适应、与现代社会相协调"，从而达到不忘本来、吸收外来、面向未来，让中华优秀传统文化焕发出新时代的迷人光彩。

（一）聚焦年度主题，细化传统文化教育的育人目标

我国的传统文化历史悠久，项目门类很多，内容丰富多彩，内涵深厚悠远，如果泛泛而谈，那必然是"浮光掠影"。因此，八年来，"君莲杯"活动始终坚持将历史与现实、传承与创新、自信与自强等重要命题融于年度主题中，通过细化育人目标引导活动走实走深（见表 4-6）。

表 4-6　2015—2022 年每一届"君莲杯"活动主题和育人目标

届　数	活动主题	育人目标
第一届	传承·未来	系统了解汉语语言文字、传统民俗艺术、传统美德等中华优秀文明成果，激发自豪感和自信心

续表

届　数	活动主题	育人目标
第二届	传文化古韵 育乡土情怀	学习、了解社会主义核心价值观与中华优秀传统文化的关系；了解海派文化典型代表、闵行历史人文、非物质文化遗产、传统文化积淀成果等，体验优秀传统文化内涵，激发爱上海、爱闵行、爱家乡的情怀
第三届	品戏曲之美 承中华文脉	学习、品味传统戏曲的民族特色和美学特征；了解传统戏曲的种类、各戏曲门类的风格特点、地域特色、代表性人物等，体会传统戏曲剧目中所蕴含的中华优秀传统文化核心思想、传统美德、人文精神
第四届	书画美 雅韵传	学习、探究中国书画艺术的审美特征、文化内涵，中国书法、国画的种类、风格特点、艺术特色和代表性人物等，感悟中国书画艺术中所蕴含的中华优秀传统文化核心思想、传统美德与人文精神
第五届	建筑， 凝固的文化	学习、了解建筑背后的文化知识，探访亭台楼阁背后、石库门中、里弄深处的文化渊源，感受传统建筑之美，体会“一幢房子一个故事，一条老街一段历史，一座园林一方文化”的传统建筑文化内涵
第六届	服饰中的 锦绣年华	学习、探究中国传统服饰常识，了解中国历代官服与古代配饰，包括汉服、唐装与少数民族服饰等，感知中国传统服饰发展变化历程，理解演变过程中所蕴含的时代背景和文化内涵
第七届	弘扬中医 文化 传承国粹 精神	学习、探究传统中医理论知识，了解中医的问诊方法、治疗手段和中药常识等，感悟中医药文化以及中华少数民族传统医药文化是“瑰宝”的丰厚内涵
第八届	铸强健体魄 传体育精神	学习、探究中华传统体育发展历程，了解中华民族丰富多彩的传统体育项目、少数民族传统体育项目、励志的传统体育故事等，感知“体育、健体”理念在中华优秀文化中的价值，体悟“体育精神”的内涵

（二）编写专题读本，做好传统文化内容的系统梳理

为落实《纲要》中“鼓励有条件的地方结合地方课程需要编写具有地域特色的中华优秀传统文化读本”这一要求，“君莲杯”活动每一年编辑出版一本《当代学生·中小学生传统文化读本（闵行卷）》，引导学生通过系统化的阅读学习，熟悉和掌握相关知识，理解优秀文化发展脉络和深刻内涵，激发文化自豪感，增强青少年学生的文化自信。

如第八届“铸强健体魄　传体育精神”主题，读本围绕“中国传统体育绵延不绝，体育活动的兴衰是随着社会的发展和变革而演进的。中国传统体育是中国各族人民共同创造的优秀文化，是中国优秀文化的重要组成部分”这一主旨思想，由四大板块12个章节组成（见表4-7），让学生充分了解中国传统体育的多姿多彩，进而感悟“体育精神”的时代内涵，汲取前行力量。

表4-7　第八届《铸强健体魄　传体育精神》读本主要内容

主题板块	章节标题	主要内容
一、中国传统体育概览	1. 古代体育发展历程	原始社会的体育：原始萌芽 夏商周时期的体育：缓慢发展 秦汉时期的体育：承前启后 三国两晋南北朝时期的体育：百废待兴 隋唐五代时期的体育：继往开来 两宋时期的体育：国富民强 明清时期的体育：落日余晖

续表

主题板块	章节标题	主要内容
二、丰富多彩的传统体育项目	2. 中国武术博大精深 3.“丹道”养生其乐融融 4. 贵族文人的高雅运动 5. 名字中有动物的运动 6. 你也玩过的民间体育项目	中国武术：武术的起源、武术的门派、武术的分类、耳熟能详的武术项目（太极拳等） 养生运动项目：五禽戏、八段锦等 民间体育项目：投壶游戏、蹋蹴鞠、中国棋类（象棋、围棋）、赛马、赛龙舟、放风筝、跳绳、踢毽子、拔河等运动项目
三、颇具特色的少数民族体育项目	7. 少数民族传统体育项目撷英 8. 少数民族体育盛会	少数民族体育运动项目：维吾尔族的刁羊、苗族的斗牛、满族的珍珠球、黎族的跳竹竿、回族的木球、羌族的推杆等 少数民族体育盛会：那达慕大会、全国少数民族体育运动会等
四、励志有趣的传统体育故事	9. 春夏秋冬，古典诗文中的古人四季运动 10. 从古文中盘点一下古代的体育达人 11. 文物中的体育盛事 12. 名人与体育二三事	古人四季运动项目：放风筝、游泳、龙舟竞渡、登高、滑雪等 古代体育达人：举重、游泳、跑步达人等 文物中的体育：《乾隆皇帝涉猎图》、唐代打马球陶俑群、蹴鞠纹陶器等 运动达人趣事：爱体育还传授体育的孔子、具有独到养生观的曹操、足球先生出身的名将等

（三）鼓励广泛参与，夯实传统文化知识的普及推广

“君莲杯”活动旨在引导学生深入学习和了解传统文化知识，侧重知识普及，因此分为小学、中学两个组别，设置了“班级初赛、学校复赛、区域决赛”三级答题通道，鼓励不同程度的学生参与线上线下答题；同时，由“填空题、判断题、简答题”三类题型组成竞赛卷，使“读本”与“赛题”内容呼应、相互衔接、螺旋上升，帮助学生巩固和积累相关知识。每一年区内有 92% 左右的学校积极组织学生参与，已

有 2500 多名学生获得区级知识竞赛的等第奖。

（四）倡导学研结合，凸显传统文化教育的实践养成

“君莲杯”活动将知识竞赛与实践探访相结合，倡导“学中研、研中行、行中做”，鼓励以小队、亲子或个人的形式自主开展实地探访和研学，并形成摄影、绘画、小报、视频记录、探究报告、主题演讲、节目展演等形式多样的探访成果，将夯实知识、理解内涵、借鉴迁移和素养提升达成有机融合。

如在第五届“建筑，凝固的文化”主题中，开展的“徽派建筑与民俗文化”实践探访，以“5 个问题”串联起探究过程：1. 你知道这幢古宅来自安徽省的哪个地方吗？你会正确读写这个地名吗？当地还因什么而著名？ 2. 徽府的院墙和我们平时看到的院墙有什么不同？这种墙叫什么名字？有什么特殊功能吗？ 3. 找找这幢古宅中的“四水归堂”，拍下照片并查找资料说说这一设计有什么深意，又有什么文化内涵？ 4. 中国古建筑中的木梁、中式家具等都不用一颗钉子，这其中用的是榫卯结构。你想研究这个结构的奥秘吗？可以和家人或者朋友一起玩孔明锁来体验哦！你还知道传统建筑中独具“中国制造”符号的其他技艺吗？和同伴们交流分享你的发现吧。5. 当下有不少个人或者单位把古宅重新修葺或者“乔迁”，比如在闵行区的马桥镇某家知名酒店，斥巨资将 50 座明清古宅从江西搬到上海，你对于这样的做法怎么看？……在实践过程中，围绕“中国建筑以其独有的特色立于世间，而徽派建筑是我国建筑史上一颗璀璨的明珠”这一主题，学生们“带着问题去研学”，不仅感受到了不同时代、地域、民族特色的建筑风格、风土人情和民俗风尚，同时也促发了对传统建筑面临的“时代挑战与机遇”的思考和研讨，有利于引导学生了解中华民族丰富的文化遗产，珍视中华优秀文明成果，理解中华民族最深沉的精神追求，增强民族文化自信和价值观自信。

（五）分享活动成果，推动传统文化教育的交流互鉴

“君莲杯”活动每一年的成果综合展示与分享会，都是区校联动，精心组织，将“个人实践成果展示、团队文化素养展演、学校育人经验分享、专家专题微报告”等环节有机整合，并做到“线下展示 + 线上观摩”同步，营造了良好的育人氛围。

在“团队文化素养展演”中，形成了各富特色的活动综合成果。如在“乡土文化”主题中，有闵行区明强小学的“新媒体数字社团探访闵行公园”、闵行区七宝第二中学的“七宝老街探访记”、上海市文来中学的“粽叶飘香话端午”等探访实践报告的 TED 演讲；在“戏曲”主题中有闵行区君莲学校的《红灯记》、闵行区马桥文来外国语小学的《燕燕做媒》、闵行区花园学校的“京剧探访之旅”、闵行区浦江第一中学的《鸡毛飞上天》、闵行区田园外语实验小学的《沙家浜》、闵行区虹桥中心小学的《滑稽自有后来人》等戏曲片段表演；在“书画”主题中，有上海市实验学校西校的“风雅中华”、闵行区黎明小学的“写中国字　做中国人”等吟唱颂的情景剧表演；在“中医药”主题中，有上海中医药大学附属闵行晶城中学的“五禽戏”、闵行区君莲学校的“君子如莲”等特色社团展示；在“中华体育”主题中开设“话民族体育　绘健康未来”德育主题教育“融媒体公开课”……

同时，总结会上还邀请了闵行区田园外语实验小学、闵行区民办塘湾小学、闵行区第四中学等多所学校分享经验，如闵行区田园外语实验小学以“梨园国粹、唱响校园”为主题，从京剧如何融入学校课程、开发“双语”京剧特色、培养教师和学生艺术素养等各方面做了交流。闵行区第四中学在活动中连续四年获得优秀组织奖，他们以“民族服饰”主题活动为例，分享了“阅读文本，掀起中华服饰热潮；教师辅导，深化服饰文化内涵；实地探访，感受服饰文化魅力；积极参赛，推动知识入脑入心；大力表彰，激发文化自信心”五个方面的做法。这些学校依托一系列富有创新和成效的工作举措，不断增强师生的活动参与感、获得感和认同感，形成向上向善的育人氛围，有力推动中华优秀传统文化的传承与发展，增强了中华优秀传统文化的凝聚力、影响力、创造力和示范性。

四、项目成效

自 2015 年首届成功举办后，“君莲杯”活动逐步建设成主题相关度高、内容覆盖面广、师生参与率高、形式创新性强的区本中华优秀传统文化教育专项工作。在 2020 年 9 月，闵行区作为上海市参与教育部基础教育质量监测中心第二轮国家义务教育德育状况监测的区域之一，参与抽测的四年级和八年级在“学生对中华优秀传统文化的了解状况”这一检测上取得了较好的成绩。其中，四年级学生对中华优秀传统文化了解状况的平均分为 227 分，高于全国 22 分，处于全国 8 星等级；八年级对中华优秀传统文化了解状况的平均分 241 分，高于全国平均分 41 分，处于全国最高的 10 星等级。可见，“君莲杯”项目不仅形成了各中小学踊跃参与的集群效应，而且在以文化人、以文导行，涵养学生的高尚品行，自觉延续文化基因，增强文化自信，培育和践行社会主义核心价值观方面的探索和实践是有一定成效的。

习近平总书记指出：“中华文化源远流长，积淀着中华民族最深层的精神追求，代表着中华民族独特的精神标识，为中华民族生生不息、发展壮大提供了丰厚滋养。”我们深深地认识到，引导中小学生真正入脑入心地学习中华优秀传统文化，对自己的民族有更加深刻的正确认识，将民族的文化基因刻录在自己的思想中，成为其忠实的拥护者和传扬者，将学到的知识和技能与现代社会的发展紧密联系，创造性地转化与发展，从而实现中华优秀传统文化传承发展，是每一个教育者的责任和使命。

（2）以学校特色为切入

数年来，闵行区教育局与区文明办、区文广局、上海教育报刊总社、上海书法家协会、艺术协同中心、下午专业机构和团队等单位联合开展各类主题活动，“文来杯”的经典吟诵、“莘城杯”的现场书法大赛、“君莲杯”的传统文化知识大赛和探访实践活动、“黎明杯”的书法优秀作品展评等系列主题活动，让师生在各类活动中让优秀传统文化怡情养志，以美育德。

3. 依托“专项”，项目化推进传统书法、戏曲和体育等多项特色

（1）“书法进校园”专项工作的推进

区域内已建立 2 个书法联盟，共有 24 所中小学参与。联盟以“凝聚中创新、互动中发展、参与中成长”为目标，不断凝聚力量，实现资源共享。

在此基础上，区域还建立戏曲联盟的方式，与美育、体育工作进行

有机整合，推进传统。实践中以“区域指导、盟主校引领、联盟校跟进形式开展各类传统文化教育活动。以下摘录 2023 闵行区美育联盟成果展示的相关报道：

22 所学校，19 个节目……这场舞蹈盛宴，很精彩！

6 月 27 日，2023 年闵行区美育特色（舞蹈）联盟专场展演活动在城市剧院举行。22 所学校参与精心编排的 19 个舞蹈节目在这里精彩上演，为全区青少年呈现出一场高品质的舞蹈盛宴。当天，闵行区美育特色（舞蹈）联盟校的 500 余名师生们齐聚一堂，唱响立德树人的主旋律，舞出奋进担当的新风尚。这也是各联盟学校坚持“立德树人、以美育人、提升审美和人文素养”的目标的一个集中体现，同学们通过日常的舞蹈学习，也收获了自信、勇敢、勤奋和快乐。在展演中，由骏博外校、诸翟学校、华漕学校表演的舞蹈《我们是共产主义接班人》、交大实小舞蹈团表演的《当红旗飘扬在头顶上》等节目，传达出了新时代中学生热爱祖国的情感。明强二小的舞蹈《蝶趣飞飞》，蝴蝶们时而单影独舞，时而两三环绕；文馨学校的舞蹈《小马奔腾》，在广袤无垠的大草原上，一群小马驹飞驰而来，欢叫着、奔腾着；颛桥中学的《青青竹儿》，描绘了一幅春雨过后苏醒的“竹儿”们头戴斗笠，踏着春雨，在林中、屋檐下欢乐嬉戏的美好画面……不管是舞蹈作品选材的挖掘还是团队合作精神的展现或是艺术形式的多元展现，都渗透着联盟学校老师和同学对舞蹈的喜爱之情。

美育特色（舞蹈）联盟建设已在闵行开展 7 年，通过骏博外校美育盟主校与交大实小美育盟主校这两所盟主校以点带面，将舞蹈教育更好地辐射到联盟团队中的每一所学校，共同发展学生的文化修养和品德言行。截至目前，共有 10 多所学校共同参与到其中，整体推进了我区各级各类学校美育发展，初步形成了学校美育发展新局面。

近年来，闵行区舞蹈联盟取得了丰硕的成果，在全国第七届中小学艺术展演上海市活动中，美育盟主校骏博外校的原创舞蹈《追寻，红色印记》获得中学组一等奖；在上海市国际科技艺术展演活动中，美育盟主校交大实小获得三等奖；在闵行区第十五届学生艺术节表演舞专场和集体舞专场比赛中，舞蹈联盟内多所盟友学校获得一等奖。

值得一提的是，在“向美而行　魅力校园”2022 年（第二届）上海市学校美育实践魅力系列展示活动上，上外高中“舞向未来”艺术特色项目荣获“魅力活动”提名奖。

通过美育舞蹈联盟建设活动的不断扩大化、制度化、精品化，让舞蹈美育活动不断渗透进校园生活，让学生舞姿翩翩，让老师舞韵绵绵，让学校更自信地奔向未来。

（2）“中华戏曲进校园”专项工作的推进

区域保障专项资金到位，以项目建设为载体建立形式多样的区级戏曲教育活动机制和保障机制。一方面，教育局牵头联合七宝镇教委、吴泾镇教委、莘庄镇教委，引进京剧、昆曲、越剧、沪剧的专业师资为学校带去专业指导；另一方面，区域面向不同学生拓展多类别、多层次的戏曲体验活动，扩大参与学生的覆盖面；在此基础上，各校自主推进戏曲课堂、名家讲座、经典欣赏、课程开发、师资培育等实践研究，形成良好的戏曲文化氛围。比如，2020 年华漕学校组织 1000 名学生线上观看 2 场上海沪剧院沪剧专场演出，华坪小学组织 751 名学生参与“沪语大课堂”王汝刚、陈刚老师的抖音直播，协和尚音组织 300 名京剧学生线上观摩“有光就有戏”特别活动等。通过“戏曲进校园”系列活动向学生们传递和普及唱念欣赏、身段体验、表演互动、色彩内涵、服饰文化等戏剧教育知识，将戏曲传统文化植根于学生内心。

（3）“中华传统体育文化进校园”专项工作的推进

区域坚持“常态化、易行化、多样化”的推进原则，积极开展“中国传统体育文化进校园”活动。区域每年举办中华传统体育文化项目联赛活动，如举办围棋升级赛、围棋精英选拔赛、中小学生武术锦标赛以及武术嘉年华活动，为有特长的孩子们搭建展示自我的平台。

4. 构建"家、校、社共育"，以机制化提升中华优秀传统文化教育合力

区域充分重视中华优秀传统教育中家、校、社共育共建机制，在实施中提出了"三个坚持"的基本要求，即"坚持与师生文明修身紧密结合，坚持带动师生家庭一起参与，坚持融合优质社会资源"，力争通过学校开设课程、开展活动等工作，将家庭和社会的目光吸引到中华优秀传统文化中来，从而达成全社会良好的育人生态和成效。

（1）挖掘优质资源，在"请进来"中丰富校园传统文化教育内容和课程

在实践中，我们通过家、校、社合作的形式，邀请有特长的教师、家长志愿者、社区非遗传承人等担任学校的基础课、拓展课、探究课中的传统文化"课程导师"，以此有效地将戏曲、书法、皮影、剪纸、上海话等丰富的非遗项目引进校园，从而建立"家校社"的联建共建

机制。

比如，在平阳小学的《Walking 上海》项目，学校邀请家长共同参与管理“Walking 上海”品牌课程的策划与实施，构建大队辅导员、中队辅导员和家长辅导员三位一体的“共商模式”，提升项目实施中的家校互动有效性。伴随着活动课程实施的不断深化与优化，学校积极探索少先队建设的机制创新、队伍重构、策略优化、活力激发与平台建设，初步建构了独具校本特色的“共商”“辅导员＋”“同心锁”和“信息化”队建新模式（如图 4-2）。

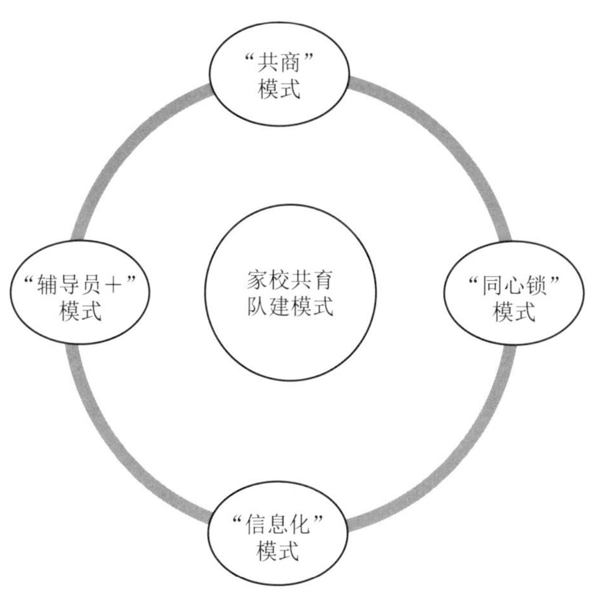

图 4-2　家校共育队建新“新”模式

又比如，在虹桥小学的“学说上海话”畅通文化教育课程中，学校邀请到一批滑稽剧团专业人士来到校园开展系列课程，尤其在疫情期间开设的“小小嘎讪胡”空中课堂更是成为区域品牌项目，虹桥小学在全区传统文化教育大会展示活动上做交流发言（如表 4-8）。

表 4-8　虹桥小学 2020 年“小小嘎讪胡”空中课堂安排

发布时间	讲课题目	邀请老师	结合点
2 月 14 日	眼珠子转一转	上海滑稽剧团　沈远	保护视力
2 月 15 日	新型冠状肺炎的症状	上海滑稽剧团　曹毅	健康教育
2 月 16 日	用数字送祝福	上海滑稽剧团　陈思清	传递友情
2 月 17 日	蔬菜水果营养好	上海滑稽剧团　赵灵灵	健康教育
2 月 18 日	抗疫情，各行各业在行动	上海滑稽剧团　张晓冬	职业启蒙
2 月 19 日	乘坐公共交通戴口罩	上海滑稽剧团　邵印冬	公共规范
2 月 20 日	学说称谓，感恩长辈	上海滑稽剧团　沈远	孝亲敬老
2 月 21 日	16 个区齐心协力一盘棋	上海滑稽剧团　曹毅	团队合作
2 月 22 日	爱惜学习用品	上海滑稽剧团　陈思清	学习习惯
2 月 23 日	颜色的力量	上海滑稽剧团　赵灵灵	职业启蒙
2 月 24 日	穿在身上的衣服	独角戏传承艺术中心　薛文彬	职业启蒙
2 月 25 日	居家运动不可少	上海滑稽剧团　邵印冬	体育锻炼
2 月 26 日	家用电器变化大	上海滑稽剧团　秦雷	城市发展
2 月 27 日	噱讪胡	“噱讪胡”节目主持人　舒悦	上海文化

在此基础上，区域内涌现了一批富有特色和成效的传统文化教育“家校社共育”模式，由此评选区级传统文化优秀家庭（以 2021 年评选的优秀家庭为例）(见表 4-9)，形成家校社共育传统文化的“聚合圈”效应。

表 4-9　2021 年闵行区中华优秀传统文化优秀家庭名单

序号	学校	优秀家庭名称	擅长项目
1	虹桥小学	孙沐昕家庭	书法、国画
2	莘庄镇小	李宁远家庭	古诗词
3	华二初中	徐郴涵家庭	民族舞蹈
4	蔷薇小学	张杨、张澜家庭	国学经典、绘画等
5	田园外小	杨静雅家庭	颛桥剪纸
6	马桥实小	谢睿骐家庭	朗诵表演
7	七宝外小	杨弘毅家庭	剪纸
8	实验西校	骆雨晨家庭	布堆画
9	七宝鑫都	唐子鹏家庭	弹拨乐、民歌
10	田外初	陆佳禾家庭	国画
11	复旦万科	唐悦文家庭	沪剧
12	莘松中学	孙睿泽家庭	海派剪纸
13	复旦万科	刘梓祺家庭	沪剧、京剧
14	航华一小	钱秉中家庭	书法
15	景东小学	陈嘉懿家庭	国学
16	上师初中	刘乐天家庭	书法、绘画

续表

序号	学校	优秀家庭名称	擅长项目
17	文来初中	杨奕萌家庭	古诗文和书法文化
18	金汇实验	董亦君家庭	书法
19	莘光学校	张子璇家庭	根雕
20	莘松小学	杨润槐家庭	京剧
21	曹行中学	高誉恒家庭	仿古工艺铸造
22	实验小学（畹町）	黄蔚玥家庭	书法
23	闵行小学	张鼎睿家庭	经典诵读、传统文化
24	七宝二中	唐振原家庭	书法
25	浦江二中	顾羽萌家庭	民族音乐
26	浦江二中	黄梓昀家庭	民族舞蹈
27	龙茗中学	张奕晨家庭	书法
28	晶城中学	张涵嘉家庭	民族舞、书法
29	明星学校（小学部）	王一帆家庭	武术
30	明星学校	孙诺妍家庭	书画
31	博世凯外校	张汪淏家庭	书法绘画
32	梅陇小学	俞逸臻家庭	书法
33	蔷薇小学	彭邦恒家庭	诗歌创作
34	实验小学（莘松）	刘丰毅家庭	书法
35	实验小学（景城）	张琬懿家庭	古诗文诵读
36	鑫都小学	鲁陈诺家庭	昆曲、国画、诗词朗诵
37	汇秀小学	高珑月家庭	书法、绘画

续表

序号	学校	优秀家庭名称	擅长项目
38	上师初中	刘沅嘉家庭	篆刻、书法
39	浦江三小	殷亦君家庭	书法绘画
40	航华中学	施皓添家庭	中华武术
41	七宝三中	刘晨卓、刘晨越家庭	声乐、运动
42	上戏附校	郭书我家庭	书法绘画
43	友爱实验	俞茗蓁家庭	书法
44	实验小学	陶胤宸家庭	中华古诗词
45	鹤北小学	周祺祯家庭	绘画、雕塑
46	汽轮科技实小	顾真家庭	纸艺
47	碧江小学	奚煜霖家庭	书法
48	文来外小	邬东奇家庭	民乐、评弹
49	罗阳中学	许如清家庭	民间手工类
50	七宝实中	李若宜家庭	书法艺术
51	七宝三中	彭薪宇家庭	书法
52	明星学校	陈思源家庭	书画
53	明星学校	甘正涵家庭	黄梅戏
54	文来实验	陈德宇家庭	书法
55	浦江三小	陈乐欣家庭	书法
56	虹桥小学	魏佳家庭	中国画
57	航华一小	潘昕钇家庭	书法

续表

序号	学校	优秀家庭名称	擅长项目
58	明强小学	闫俊泽家庭	版画
59	梅陇小学	邵子焱家庭	茶艺
60	蔷薇小学	周羽涵家庭	茶艺
61	莘庄镇小	王若愚家庭	武术
62	田园外小	吴毅洋家庭	戏曲
63	颛桥小学	姜越飘家庭	亲子经典文学诵读
64	曹行小学	周之鑫家庭	民族音乐
65	浦江三小	杨忆哲家庭	书法、沪剧
66	紫竹小学	崔子越家庭	书法研究
67	马桥实小	宋雅霏家庭	中国传统乐器
68	鑫都小学	黄乐怡家庭	古典舞、诗词朗诵、硬笔书法、民族乐器（古筝）
69	上师三小	李海琦家庭	古典诗词
70	罗阳中学	张一诺家庭	陶艺、书法
71	实验西校	刘劲文家庭	书画
72	龙茗中学	茅天怡家庭	书画、编织
73	七宝实中	恽天禧家庭	古诗词
74	鑫都实中	刘一铭家庭	古诗词
75	北外田园	王一家庭	手工艺术类
76	上师初中	贺明洁家庭	陶瓷、绘画
77	文来中学	陆怡嘉家庭	美术（国画）、书法

续表

序号	学校	优秀家庭名称	擅长项目
78	文来实验	江子胥家庭	编织花
79	福山实验	何轩霆家庭	剪纸、掐丝珐琅画等
80	君莲学校	江亦辰家庭	二胡、根雕

（2）整合优质资源，在“走出去”中拓宽中华优秀传统文化教育时空

通过努力，闵行区教育局陆续与马桥文化展示馆、颛桥历史文化长廊、莘庄镇门票文化展览馆、翰林匾额博物馆、颛桥剪纸大观园、上海海派漆器艺术馆，马桥手狮舞艺堂、莘庄钩针编结坊、华漕手工艺体验基地、浦江非遗手工艺传承基地、民族乐器陈列馆等近 30 家传统文化教育相关单位成为共建单位，这些场馆也成为区域“青少年研学实践教育基地”挂牌单位。

在“馆校共育”课程建设上，已形成“神奇的中国乐器”“沪谚家训家规进课堂”“海派漆艺创新美育课堂”“保护建筑中的红色记忆”“剪纸建党百年”“马桥手狮舞普及课堂”等馆校共育系列课程，实现教育资源的最优组合。同时，区域每年确保 10 万元左右的经费，在寒暑假组织各类主题活动获奖学生 600 名左右到区域内外传统文化教育场馆，开展“我爱中华传统文化”“家国天下，研学达人——行走文化导航”系列研学活动。师生们来到区内场馆，也涉足区外周慧珺书法艺术馆、公共艺术协同创新中心、良渚文化博物院、上海琮璞文化传播中心、文庙讲堂等地，在实践体验中对传统文化和社会主义核心价值观有了更丰富的感知。

（3）共享优质资源，在“共建共享”中扩大中华优秀传统文化教育影响力和示范性

一是市区间优质资源的共享。区域内明强小学、文来实验等学校师生积极参加上海市大世界“非遗传习教室”活动，在传习教室面向公众开展非遗课程的公益展示，起到示范辐射作用。群益职校的方闻、岳利莎老师每周在上海大世界非遗传习教室，讲授“香囊制作”课程，群益校内的“民族服饰陈列馆”“盘扣展示馆”也成为普职融通职业体验的重要参观场所。在每一年的传统文化教育推进会上，我们邀请上海市非遗联盟校来到闵行开设各类现场展示课，为师生们带来了更多样的体验。

二是区内优质资源的共享。我们通过召开传统文化教育的“区域推进会”“分片区研讨会”“校际间优秀课程交流”“建立网上课程资源包”“编辑成果集分享”等形式形成了区校联动、校校互动的“优质资源共享”机制（见表 4-10）。

表 4-10　2020 年闵行区中华优秀传统文化教育优秀项目进校园活动

时间	目标与任务
9 月	项目学校： 由项目指导老师和学生组成团队开展一次“非遗课程进校园”，时间为 1—2 课时，以一次主题活动课或社团课等形式进行。具体时间和形式由学校之间对接 对接学校： 1. 安排好一节校会课或社团课，由项目学校的师生团队到校园进行传统文化优秀项目介绍和演绎，让学生了解相关知识和技能 2. 对接学校做好拍照和摄影，留存资料 3. 活动结束后对接学校做好一期微信宣传

续表

时间	目标与任务				
10月 12日—23日	序号	项目学校	项目名称	负责人	对接学校
	1	航华一小	香素制作	谢晶	航华二小
	2	虹桥小学	蛋壳画	张怡	龙柏一小
	3	莘松小学	钩针编织	杨婷婷	鑫都小学
	4	闵行三中	创意剪纸	姚莉丽	闵中实验
	5	文馨学校	民族舞	赵益民	文河小学
	6	曹行小学	创意创花	丁颖佳	曹行中学
	7	师培附中	泥塑	蔡晓兰	莘松中学
	8	颛桥小学	展鼓	凌贤文	北桥小学
	9	明强小学	七宝皮影	叶喜	明强二小
	10	君莲学校	陶笛	范红	预桥中学
	11	蔷薇小学	传统中医	鲍洁	晶城中学
	12	花园学校	折纸版画	就瑶	实验小学
	13	梅陇小学	茶艺	唐蓓云	梅陇中学
	14	群益职校	盘扣服饰	韩伟	七宝鑫都
	15	七宝二中（北校）	景泰蓝工艺	顾青	航华中学

5. 以评促建，培育中华优秀传统文化教育“一校一品”，发挥集群示范作用

课题组在培育具有闵行特色的中华优秀传统文化教育品牌项目进程

中，既坚持“一校一品”特色，又关注团队整体效应；既关注传统文化教育，又着力在非遗成果转化上形成特色，使越来越多的学生在学习和实践中增强民族自尊心、自信心和自豪感，弘扬以爱国主义为核心的民族精神和以改革创新为核心的时代精神，更好地传承与发展中华传统文化。目前，区域区内有 7 所市级非遗传习基地学校，七宝明强小学等学校的 10 门课程申报成为“中国课程”，拥有文来中学、君莲学校、文来实验、颛桥小学、明强小学、莘城学校等一批各具特色的传统文化教育优秀校，他们坚持以文化立校，以文化育人，形成有内涵、有特色的“家门口的好学校”，从而构建形成中华优秀传统文化学校示范、项目示范、师生示范、家庭示范“四位一体”的特色标杆。以下摘录“中国课程”框架内容：

课程：《灯影流光——七宝皮影进课堂》

闵行区七宝镇明强小学

七宝皮影戏是一种用灯光照射兽皮或 PVC 做成的人物剪影以表演故事的民间戏剧，有着现实主义和浪漫主义相结合的优良传统。七宝皮影戏是七宝古镇传统文化的精华，是上海地区民间艺术的瑰宝，2007 年被上海市列入首批非物质文化遗产保护目录。皮影戏的传统剧目中蕴藏着不少优秀的神话传说、民间故事、历史故事，有极大的感染力和教育意义。然而，随着现代电影、电视、网络艺术的出现，皮影戏作为一种民间艺术已逐渐淡出人们的视线，如今的孩子们很少知道皮影这门民间传统艺术。

一、学校开发皮影课程的简介

七宝明强小学的学生在老师带领下开展“小强强古镇探秘”活动，

在活动中孩子们发现了皮影的独特，从而进一步产生了学习的欲望。由此，七宝明强小学把皮影引入课堂，征集老师和学生自愿报名参加课程开发，通过邀请七宝皮影传人朱墨钧、叶光华老先生作为学校皮影专业指导老师，让学生在看一看、学一学、做一做、演一演、创一创的学习中，传承和弘扬七宝皮影这一非物质文化遗产，增强孩子们对传统文化的热爱。到目前为止，皮影课程在明强已经开展了近 10 个年头，加入课程的班级从原来的个位数延伸到各个年级，老师的课堂教学能力也逐渐呈现出专业化发展。明强皮影不仅落实在课堂，学生们也把皮影带出区、市，甚至走向海外。学校强强皮影社团的队员们在大世界进行非遗皮影表演；在手造节展示皮影；在上海市优秀拓展课型的现场演绎皮影；在海外课堂中和美国、英国、澳洲、加拿大等地的孩子分享皮影，皮影的传承活动使孩子们的生命成长充满快乐、幸福、自主，使他们的童年充满瑰丽的色彩，促进了他们在德智体美诸方面的充分全面发展。

二、课程目标

① 以传承“非遗”为目标的校本课程研究，构建开放、丰富、灵动的皮影课程，加深学生在小学生涯中各年段独特的成长体验。

② 引导学生通过探究、体验、学习，比较系统地了解七宝皮影的历史、造型特色、表演方式等，以“皮影”为平台提升学生的综合素养。

③ 以精神的感染、成果的分享、创造过程的鲜活体验影响、同化更多明强人，壮大非遗传承团队，继承和发扬传统文化，培养民族情怀和自豪感。

三、课程内容

依据学生在学习皮影过程中的年段特点和实际成长需求，并结合明强师生在皮影实际学习和活动过程中的经验和收获，我们皮影团队的老师们刻苦钻研、勇于探究、齐心协力一起编制了以下这套明强校本课程《灯影流光——七宝皮影进课堂》(电子版)。

(一)课程内容框架

表 4-11

年段	主题	导语	教育路径	内容	配套材料
低中高	第一章 百年流光	皮影已有两千多年的历史，我们学习、成长在七宝这块土地上，就需要知道七宝的历史文化，而七宝皮影就是七宝本土的重要文化遗产之一，因此我们走近七宝皮影，感知和欣赏皮影	感知与欣赏	第 1 节 七宝皮影艺术百年渊源 第 2 节 七宝皮影艺术薪火相传 第 3 节 七宝皮影艺术枯木逢春 第 4 节 探究作业 A. 你知道什么是皮影? B. 七宝皮影的来历? C. 做一回小记者，去“七宝皮影馆”实地探访 第 5 节 视频欣赏	1. 教案 1—3 节 2. 教学配套 ppt 1—3 节 3. 视频资料:《七宝皮影的历史》
低中高	第二章 灯影婆娑	七宝皮影是一门综合性艺术，其中包涵民间绘画、工艺制作、操纵技术、演唱艺术、演奏技艺等。内容丰富，文化底蕴深厚	认识与了解	第 1 节 七宝皮影艺术的造型特色 第 2 节 七宝皮影艺术的音乐特色 第 3 节 七宝皮影艺术的说唱特色 第 4 节 探究作业 A. 制作皮影艺术的探究小报 B. 学唱七宝皮影基本调:视频《悠扬调》 第 5 节 视频欣赏	1. 教案 1—3 节 2. 教学配套 ppt 1—3 节 3. 视频资料:《七宝皮影的特色》

续表

年段	主题	导语	教育路径	内容	配套材料
低中高	第三章 巧夺天工	皮影的制作从古至今，随着历史的迁移，无论是材质还是造型都发生了很大的变化。皮影的表演同样在传承中开始走向不断创新的尝试和探索	制作与体验	第1节 皮影制作材料和工具 第2节 皮影制作过程和手法 第3节 皮影演出场地和分工 第4节 皮人操纵动作和方法 第5节 探究作业 A. 小组合作，制作皮影道具 B. 小组交流合作的收获 第6节 视频欣赏	1. 教案1—4节 2. 教学配套ppt 1—4节 3. 视频资料： ①《皮影戏工具材料及人物制作》 ②《皮影操纵表演教学》 ③《武松打虎各段演示教学》
低中高	第四章 百舸争流	学生在画、编、跳、创、玩等皮影活动中传承和弘扬这一非物质文化遗产，赋予皮影新的时代意义，生命成长充满快乐、幸福、自主，童年充满瑰丽的色彩	传承与创新	第1节 画一画皮影人物 第2节 编一编皮影剧本 第3节 跳一跳皮影舞蹈 第4节 创一创皮影音乐 第5节 玩一玩皮影活动 第6节 探究作业 A. 发挥自己表演、绘画、写作等方面的特长，找到皮影活动中适合自己的“角色”，谈谈你想怎么做 B. 小组合作，表演自编自创的皮影剧本 第7节 视频欣赏	1. 教案1—5节 2. 教学配套ppt 1、2、4、5节 3. 视频资料： ①《皮影制作课堂教学》 ②《明强小学皮影舞》 ③《创编皮影剧本教学》

续表

年段	主题	导语	教育路径	内容	配套材料
低中高	第五章 百花齐放	明强小学尝试在皮影表演、创作剧本、道具制作、伴奏等各方面进行传承和创新，汇总成果，分享交流	表演与欣赏	《因祸得福》 《老狐狸大骗子——中文版》 《老狐狸大骗子——英文版》	视频资料

（二）课程内容特点

1. 内容丰富

包括了皮影历史、文化价值、艺术特色、皮影的制作和演出，以及对皮影在制作、演出、乐队等方面进行创新的尝试，还包括了明强师生皮影演出的成果分享等，共计五章 23 节。

2. 形式多样

根据教学的实际需求，依据教学内容分别设计了供教师教学使用的教案、配套教学使用的 ppt，以及在各个章节中为了使得教学更为学生所接受的各类视频。

3. 自由选取

虽然课程的框架是按照感知、了解、操作、创新和欣赏等几个方面排列设计的。但是在课程教学过程中，教师可以根据实际情况自行选择相关内容。

4. 适用广泛

我们在拓展型课程（皮影、心理）、基础型课程（语文、美术、音乐、英语等）、学校皮影社团以及各个班级的皮影微社团活动中都能采用以上课程内容进行教学或者实践。

四、课程评价

校本课程与其他学科课程有着很大的差别，因此我们不断探索，用多样化、多元化、过程性的评价使评价走向更加合理、务实。通过机制的完善和创新，激励师生共同成长。

1. 对教师评价

学校以激励评价为导向，通过教师自查、学校督查等，促进教师能力的发展，提升课程执行力和教学有效性。

表 4-12　皮影课程教师评价表

科目名称	皮影校本课程				
一级目标	二级目标	评价标准	标准分值	教师自评	学校评价
课程目标 10 分	准确	符合学校的总体目标	4		
	完整	三维目标完整	3		
	现实	符合学生的实际、学校的实际、社会的实际	3		
课程内容 30 分	科学	符合科学规律	10		
	吸引	对学生有吸引力	5		
	价值	有学习、探究的价值	10		
	实际	符合学生的身心发展特点	5		

续表

科目名称	皮影校本课程				
课程实施 40 分	学生参与	能积极组织学生参与	20		
	教师指导	对学生进行有效指导	20		
课程绩效 20 分	学生	学习兴趣、综合能力提高	10		
	教师	课程开发与实施能力提高	10		
总体描述	教师				
	学校				
评价日期		评价总分			

2. 对学生评价

首先是评价的多样化，我们用作品评价、成长档案评价、课堂激励评价等多种方式激发学生；其次提倡主体多元化，对学生评价，包括采用学生自评和互评，学生与教师互动评价，学生和家长互动评价，根据学生的参与程度、课堂发言、实践体验等活动进程中的表现给予相应的等第评价；最后评价体现过程性、激励性。

表 4-13　学生活动评价表

指标	序号	评价标准		评价等第		
		优秀	良好	自评	互评	师评
参与程度	1	有浓厚的活动兴趣	有活动兴趣			
	2	主动、积极准备剧本道具	能准备剧本道具			
	3	每学期活动汇报（三次以上）	每学期活动汇报至少一次			

续表

指标	序号	评价标准		评价等第		
		优秀	良好	自评	互评	师评
合作精神	4	能热心、主动帮助身边伙伴	能帮助伙伴			
活动能力	5	有观察和思考能力	有一定的观察能力			
	6	有重新创编的能力	有模仿的能力			
劳动习惯	7	活动后，能主动整理场地	活动后，能整理场地、道具			
	8	能有条理地放置道具	能放置道具			
其他						
定性评价	自评： 互评： 教师、家长评：					
说明	1. 定量评价等第，设优秀和良好 2. 定性评价指对主要问题、突出问题或某些特长写出描述性评论 3. 本评价属于对学生参与课程的表现性评价，若是有个性或突出表现的，可参考此标准，或在表中“其他”栏另加标准 4. 本评价适合于中高年级学生，低年级学生可在教师指导下完成本评价表，或选择其中几条标准					

（四）中华优秀传统文化教育的保障

1. 加强工作领导

区教育局把中华优秀传统文化教育作为闵行区落实《中小学德育工作指南》，加强未成年人思想道德建设的重要载体、特色亮点来抓，成立区域传统文化教育专项工作领导小组，制订专项工作计划，实行专项德育管理。

2. 加强经费保障

闵行区教育局实施中华优秀传统文化教育项目专项预算，加强经费执行管理，保障教育活动的实施，尤其是区域传统文化教育“优秀校”“优秀项目”等奖励以及中华优秀传统文化教育重要成果的辐射推广与示范。

3. 加强人员配置

区教育局统筹协调区域内中华优秀传统文化教育的师资力量，定期组织开展校际间柔性交流和展示活动，开展区域内中华优秀传统文化教育的师训工作，落实全员育人。

4. 加强课题研究

区教育局积极开展中华优秀传统文化教育研究，通过课题研究、项目研究，深入探索中小学开展中华优秀传统文化教育的体制机制、路径方式、课程师资、教育评价等方面的问题，全面提升区域传统文化教育成效。

二、加强中华优秀传统文化课程建设，积极落实学科渗透

闵行区教育局立足课堂教学主阵地，倡导以三类课程为依托深挖教

育资源，强调将中华优秀传统文化中的爱国情感、价值观和良好生活行为习惯自然融入课程教学全过程，起到“潜移默化、润物无声”的核心价值观教育效果。几年来，区域结合参考教育部《完善中华优秀传统文化教育指导纲要》《闵行区中小学中华优秀传统文化教育行动指南》，结合不同学段特点，对中华优秀传统文化课程内容提出具体要求（见表 4-14），并通过三类课程为依托进行设计与组织。

表 4-14　闵行区中华优秀传统文化课程要求

年　级	课程内容		
	书画文学	文化手工	传统艺体
小学低年级（1—2 年级）	1. 书法入门 2. 古诗词、国学故事诵读	1. 家乡习俗、节日、非遗文化认识 2. 手工小作品制作（剪纸、扎染等）	1. 民乐、戏曲、舞蹈欣赏 2. 传统艺术项目（任一）入门
小学高年级（3—5 年级）	1. 汉字文化内涵理解 2. 经典古诗词讲述	1. 生活习俗文化变迁 2. 民间工艺制作（陶艺、版画等）	1. 民乐、戏曲、舞蹈理解 2. 传统体育项目体验
初中阶段（6—9 年级）	1. 书法进阶 2. 古诗词格律欣赏 3. 文言文学习与运用	1. 非遗文化探索与认识 2. 非遗艺术制作	1. 传统艺术（音乐、戏剧、美术）鉴赏 2. 中医、五禽戏学、八段锦等传统健身养生方法学习
高中阶段（10—12 年级）	1. 传统文化经典作品阅读与赏析 2. 古诗词创作	1. 非遗文化探究与传承 2. 非遗艺术文创制作	1. 艺术风格理解与辨别 2. 传统戏剧表演 3. 传统体育文化认识和练习

（一）基础型课程

课程化实施，尤其是通过基础性课程实施中华传统文化教育，已经成为各校的基本实施途径。区内各学校通过语文课、音乐课、美术课、体育课、劳动技术课、道德与法治课，甚至信息技术课融入中华优秀传统文化的内容，五育并举，从而提升学生德、智、体、美、劳的全面发展。目前，已开设基础型课程的学校有 65 所（58.56%），其中小学 35 所，初中 27 所，高中（含中职校）3 所。每所学校平均两门课程，集中在一到八年级，平均每周 2.5 课时。其中主要的课程内容有书法、剪纸、国学、陶艺等。例如，紫竹小学、鹤北中学等 18 所学校开设书法课程，君莲学校等 4 所学校开设《国学课程》，闵行三中等 5 所学校开设剪纸课程。

1. 学科教学连接传统文化

按照思想价值类、礼仪风俗类、社会生活类、艺术欣赏类等不同主题传统文化进行学科课堂教学设计。在语文、历史、政治等学科中，中华优秀传统文化和传统美德内容占有较大比重，是开展中华优秀传统文化教育的重点学科；其他学科则适当渗透中华优秀传统文化相关内容，既深化学科知识的理解，又让学生感受中国灿烂文化的魅力，以此进行爱国主义教育，增强学生民族自尊心、自信心和自豪感。以下摘录区域传统文化教育优秀项目学校课程图谱内容：

课程 1:《剪纸》，颛桥小学

颛桥小学自 2002 年 5 月引入剪纸这一传统文化项目，逐渐形成

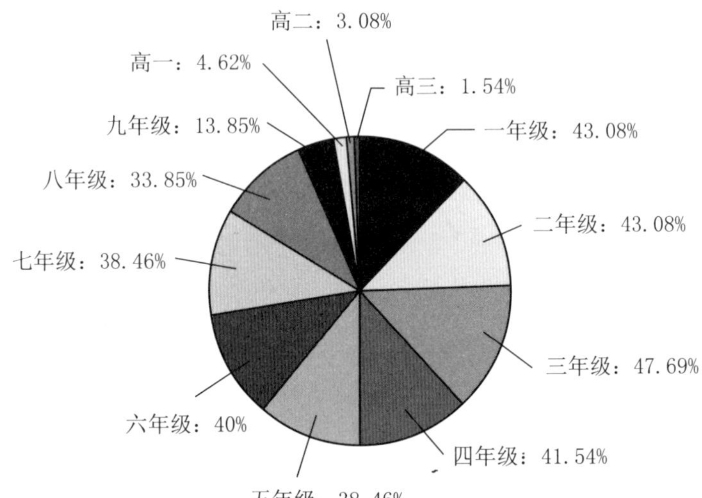

图 4-3　基础型课程开设年级分布

“以赏入心、以刻入手、以剪提升”的活动格局，拓宽传统剪纸的审美文化和表现内容，将传统剪纸艺术与现代艺术相融合，构建适合学生的活动体系。在近 20 年的发展历程中，颛小剪纸表现不俗，经常参与社区活动，与各地的学生交流，参与非物质文化遗产展演活动，参加“视像中国”的教学活动，不断提升着传统文化的社会影响力。

课程 2:《经典吟诵》，闵行小学

闵行小学自 2009 年起，以“懂规范、乐学习、善交往”学生发展目标为指引重点开展以《国学经典润心间，修身养性传风尚》为核心的中华优秀传统文化教育，通过诵读经典、品析习得、主题活动、评价促进等方式，带领全体学生在传统文化的滋养下快乐成长。2018 年被评为“闵行区优秀传统项目”并参加了第四届上海国际手造博览会，大大传播了儒家经典文化。

课程 3:《皮影 +》，文来实验

文来实验学校《皮影 +》课程中凸显“关爱”。“关爱”指向传统文化教育的目标，即培养一个“健全的人”。《皮影 +》重在“融合”，融合意味着“万物皆可皮影”。目前已形成以《中国皮影戏》为重点，以皮影剪纸、皮影版画、皮影操、皮影舞、皮影沙画等为内容，融入基础型课程及校园文化节、非遗校园建设的多元立体的“皮影 +100”综合课程。2019 年，“皮影 +100”项目荣获上海市非遗教育成果评选四个一等奖。

课程 4:《书法》，明星学校

明星学校自 2007 年开设书法课程以来，学校都把书法教育作为国学经典教育的一个重要组成部分，把书法课程和学校文化进行有效融合，通过开展扎扎实实的书法教育教学、丰富多彩的实践活动，形成学校独特的文化氛围和特色，增强学校软实力，为学生发展、教师发展和学校发展增强后劲。学校在市区级书法比赛中屡获佳绩，2011 年被评为“上海市书法实验学校”，2019 年通过复检成为新一轮上海市书法实验学校。

传统文化中蕴含着丰富的教育内容和德育因素，区域各学校致力于探索课堂教学与传统文化相融合的具体途径，利用传统文化吸引学生的

学习兴趣，发挥传统文化的当代价值，实现传统文化创新性发展，为传统文化在当代的传承提供新的依据。

2. 传统文化排入课表

各学校根据实际情况和教师资源，以一项传统文化为抓手，开设中华优秀传统文化专题必修课程或以“中华优秀传统文化”为主题的相关

校本选修课，让中华优秀传统文化课进入课表，保障课时。比如，虹桥中心小学水墨扇面计入课表，课程一学期 16 课时；基地附中古典益智玩具基础课每周 1 节；实验西校布堆画列入学校三大课程的整体框架之中，六、七年级每班每周 1 节；田园外小 100% 的学生参与京剧基础型课程学习，音乐课上“唱京剧、听名段”，美术课上“画脸谱”，体育课和形体课上“练身段”，信息技术课上查资料、制作京剧小报等，全方位引导学生了解京剧、热爱京剧。以下摘录部分学校的校本课程：

课程 1：《泥塑 · 你塑》，师培附中

师培附中自 2014 年起将《泥塑 · 你塑》作为传统文化教育的校本特色课程，建立泥创工作室，针对不同年级学生设计相应课程内容，在学习传统民间手工泥塑技能的同时，引导他们发挥想象力与创新意识，将传统与现代相融合，以跨学科交拓的模式学习并发扬中华传统文化教育精神。学生与教师连续多年荣获市区级泥塑项目比赛最高奖项。

课程 2:《农耕文化》,颛桥中学

颛桥中学自 2015 年引入《农耕文化》这一传统文化项目。颛桥中学通过以农耕文化为内容开展德育系列活动，把农耕文化教育融入学校德育活动中，让学生在活动中培育农民特有的精神，并逐步将农民精神内化为自身的精神品格。学校连续四年参加由上海市中福会、上海市青少年活动中心、上海市宇航局举办的航天育种比赛，多次获“太空植物展示”“太空植物种植观察日记”“自然笔记”一、二、三等奖。

课程 3:《剪刻纸》,七宝二中

七宝二中（北校区）“剪刻纸”社团、“景泰蓝工艺画”社团分别创办于 2005 年和 2016 年。在学校“崇善、求真、健康、自能”育人目标的指引下，坚持立德树人，实施五育并举，大力弘扬传统文化。2008 年，该校与英国女子中学开展交流联谊活动，“剪刻纸”项目深受国外友人称赞。2017 年获得市“我是非遗传习人”铜奖。“景泰蓝工艺画”社团于 2018 年荣获区“金属丝工艺”一等奖，并参与国际“手造节”。两大社团分别获得区优秀传统文化项目称号。

将传统文化项目直接排入课程表中，探索出非遗活态化传承的常态方式，学校成为非遗传承中坚力量，区域“一校一品”的传承格局正在形成。

（二）拓展型课程

中华优秀传统文化丰富的表现形式和内容，给了学校课程开设更具个性化的选项。因此，闵行区各学校开设了各类极具优秀传统文化代表又有个性化特质的拓展课型。以校本教材建设促进中华传统文化教育项目实施的规范化，已经成为各校的普遍做法。截至目前，开设拓展型课程的学校有 98 所（88.29%），其中小学 53 所、初中 38 所、高中（含中职校）7 所。每所学校平均开设四门课程，主要年级对象分布在一到八年级，九年级到高中的比例高于基础型课程。平均每周 1.6 课时，主要内容包括书法、古诗词、国学、剪纸、篆刻、围棋等。

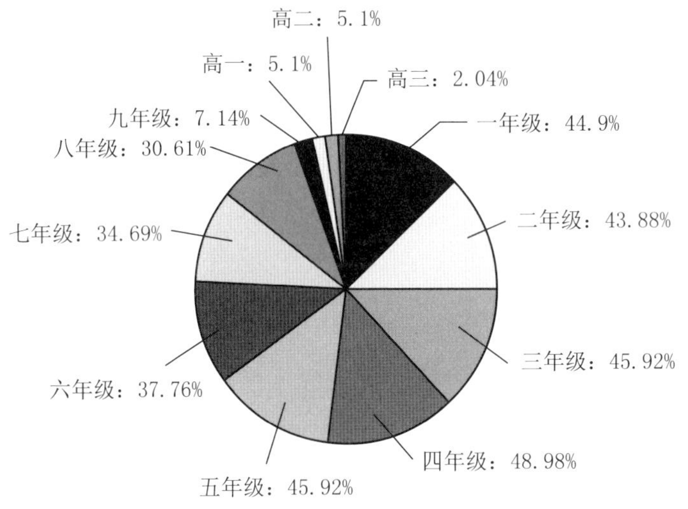

图 4-4　拓展型课程开设年级分布

1. 面向全体，增强普及性

一方面，区域内各学校牢牢抓住课程和课堂两大阵地，以戏曲、陶艺、武术、民乐等项目为载体，以校本教材建设促进中华传统文化教育项目实施的规范化，已经成为各校的普遍做法。其中，闵行区实验小学编写了《学学做做装饰漆画》、闵行区曹行小学编写了《刨花画》、华二初中编写了《中华拳操》《简化形意拳》、颛桥小学编写了《颛小鼓娃》等，校本教材成果化显著；莘松中学的“我游家乡美丽小镇”、汽轮小学的“小家乡·大文化”等，都将乡土文化作为活教材，其课程资源丰厚。以下摘录区域学校的校本课程建设内容：

课程1：《钩针编结》，莘松小学

莘松小学立足特色课程建设，打造具有地方特色的校园文化，将“莘庄钩针编结”这一非物质文化遗产项目引进校园，开展丰富多彩、积极向上的校园文化活动。将传统“结花”技艺和学生日常课程、生活相结合，力求让非遗文化传承发扬，让学生成为祖国传统技艺的传承和创新者。2019年，该项目也被评为上海市非遗进校园优秀传习基地。

课程2：《中医药文化课程》，浦江高中

浦江高中自2017年1月引入中医药文化这一传统文化项目，学校通过借外力、挖内涵，构建“基础＋特色”的课程群、打造“校内＋校外”的实践空间、采取“传统＋现代”的实施手段、采取“传承＋传播”的辐射方式，使得校园浸润于中医药文化之中，让师生领略中华民族传统文化的魅力，树立民族文化自信。2018 年 9 月，荣获闵行区中华优秀传统文化教育优秀项目学校。2020 年 11 月，成为闵行区学校少年宫。

课程 3：《快板》，华星小学

从 2018 年起，华星小学就开展快板课程，推广美育，建立社团，完善社团制度，培养师资力量，确保训练有保障。把课程与学科融合，

用活动推进社团发展，有效激发学生传承中华优秀艺术文化的兴趣，培养爱国情怀，展现华星特色文化。快板社团除了在校内开展表演，还走进社区，参加社区组织的公益活动，获得好评。社团在区、镇级各类活动中展演和比赛，取得一定成效。一批批阳光、自信、有追求的优秀华星好少年也在社团中涌现。

课程 4:《皮影机器人》，师培附中

师培附中自 2010 年 9 月自主研发机器人皮影剧项目，利用机器人创新实验室的资源，尝试将皮影与现代科技相结合，创新教育活动的形式，丰富教育活动的内容，使中华传统文化得以继承和弘扬。2017 年 9 月，荣获上海市“一校一品”特色项目学校；2017 年 9 月，荣获闵行区传统文化优秀项目作品；2018 年 9 月，“机器人皮影课程”被评为区精品课程，并实现区域共享。

课程 5:《中华武术》，北桥小学

自 2011 年 9 月，闵行区北桥中心小学引入"'炫'武课程"这一传统文化项目，将德育与体育相结合，构建了以"三级课程"为主要内容的武术教育综合体系——以武术认知为核心的基础课程、以武术体验为核心的拓展课程和以武术文化为核心的综合活动。"'炫'武课程"让学生都能认识武术、了解武术、习练武术，做到以武强身、以武明德、以武树人。多年来，学校的学生武术社团在各级各类比赛中荣获佳绩。2021 年 4 月，"'炫'武课程"荣获闵行区传统文化教育优秀项目。

课程 6:《安塞腰鼓》，颛桥小学

颛小鼓娃传习自有"华夏第一鼓"美誉的安塞腰鼓。自 1997 年引入这一传统文化项目，二十多年来传承、发展、创新，打造了集鼓娃教材、鼓娃课程、鼓娃网站、鼓娃博物馆、鼓韵园、校史陈列馆、鼓娃画廊、鼓娃社团等为一体的学习、体验、浸润式的校园文化系列教育活动。学校被评为上海市非遗进校园优秀传习基地、上海市"一校一品"特色项目学校、闵行区优秀传统文化学校，并荣获闵行区中华优秀传统文化教育优秀项目奖。

课程 7:《昆曲》，闵行三中

1995 年，闵行三中引入昆曲教育特色项目，为上海昆剧团输送多名专业演员。2019 年，学校成为闵行区美育昆曲盟主校，昆曲课程被评为闵行区优质校本课程。2018 年，成立闵三昆曲宣演团，学生担当主角，他们既是昆曲艺术的习得者，也是昆曲艺术的实践者、展示者、推广者。通过"课程学习—节目策划—校园排练—舞台演出"，学生们一步步从校园走向社区街道，从学校小舞台走上社会大舞台，进行文化巡演，推广昆曲文化，有 28 次在市区级登台展示昆曲艺术，多家媒体 9 次报道闵三昆曲宣演团的经验及做法。

通过开设传统文化内容的校本课程，在学校为传统文化教育找到新的落脚点，可以打破学校中传统文化教育的受限的现实，有利于学生系统学习传承中华优秀传统文化，能够弥补现行课程中设置中对中国传统文化教育不足的问题，也有利于突出学校特色，在国家课程体系中起到不可或缺的作用。

2. 基于校情，形成校本化

聚焦“立德树人”核心，我们重点研讨中华传统文化主题教育的切入点和着力点，推动中华优秀传统文化进校园，区域各校充分考虑到传统文化内容的“适切性”和“阶段性”，让传统文化教育以“有趣”的面貌出现在学生面前，研发形成系列化项目，推进区域传统文化教育的普及与提升。

比如，曹行小学的刨花工坊、基地附中的古典益智玩具等独辟蹊径，独具创新；日新小学开发了《文化》校本系列读本，坚持每个年级开设72课时，其中学生自主学习、小组合作学习、社会考察等活动贯穿始终，文化课程的学习打破了基础学科之间的壁垒；浦江高中更是建立了中医药特色课程学业评价机制，将项目学习纳入学业评价体系；浦江一小以课题研究为引领，多年来坚持对龙文化内涵和外延进行拓展与深化，内容结构上形成了“识龙、画龙、写龙、做龙、说龙、唱龙、侃龙、舞龙、刻龙”九大栏目。马桥强恕学校组织“悦读马桥”青少年人文拓展项目之探索活动，引导学生了解这片古老土地的历史文化，领略本土的人文风情，帮助学生寻找自身的归属感，学校借助《马桥乡土历史》教材，和学校的儿童文学广播，让学生初步了解家乡历史，还利用学校电视台，在校会课上，播放新闻综合频道摄界栏目拍摄的马桥老街视频。学校还开辟校外活动基地，发挥社区教育优势，加强学校，家庭与社会三者之间的联系。中小学先后前往了韩湘水博园、光明乳业、民主村的农耕文化馆等，通过图片、实物、场景设置知道家乡的乡土变迁、乡情故事以及乡风民俗。了解农耕历史，常用的农耕工具，农历二十四节气和四季播种的关系，在传统文化的学习和实践中增强家国情怀。以下摘录区域学校的传统文化教育校本内容:

课程1:《陶艺》，康城学校

自2005年9月引入陶艺这一传统文化项目，康城学校依据“汲取、融合、创新”的办学思路，坚持以传统文化为内涵，以民族精神为筋骨，建立完善的陶艺校本课程体系，旨在孕育现代中国人应有的素养、胸怀，形成中华优秀传统文化教育的人文生态环境。2008年10月被评

为上海市陶艺教育实践基地，2020 年荣获闵行区中华优秀传统文化教育优秀项目。

课程 2:《剪纸布艺》，教院友中

教院友中自 2010 年 9 月引入“友爱布艺”这一传统文化项目，引导学生了解“布”和“衣”的历史渊源，通过“剪、缝、绣、贴、缠、

纳、叠、镶”等传统工艺，创新方法制作出各种实用美观的新时代手工艺品。该项目提升了学校文化传播的影响力，被评选为“2019 年度上海市民终身学习体验基地品牌体验项目”，布艺课程《女性汉服演绎》获 2020 年上海市民终身学习线上体验项目一等奖。

课程 3:《蛋壳画》，虹桥小学

虹桥小学于 2009 年开发了“蛋壳画”这一传统文化项目，以“蛋壳画 +”为项目主题，先后开发了蛋壳玩偶、蛋壳版画、蛋壳花盆、蛋托绘画系列体验型课程。以传统工艺“蛋壳画”为主线，添加另一种

元素，以实现让传统工艺焕发时代气息，不断创新的目的。该项目于2013年参加了上海市小学校本课程现场展活动；2017年《蛋壳宝贝》课程被评为闵行区学校少年宫“十大精品课程”；2020年10月，“蛋壳画”项目作为区域传统文化非遗优秀项目交流系列之一来到龙柏一小，“一起动手”制作蛋壳镶嵌画。

课程4:《瓷器》，田园二外小

田园二外小自2019年9月引入“如瓷CHINA”瓷文化课程这一传统文化项目。从传统文化及文创教育的立点出发，选取最具有中国特色且家喻户晓的“瓷器”，构建“瓷文明、瓷文化、瓷文创”的发展脉络，通过创新课程的立体架构，形成“瓷文明——识瓷、集瓷；瓷文化——塑瓷、绘瓷；瓷文创——研瓷、创瓷”的三阶课程框架，打造符合小学生认知规律的课程和创新实验室核心价值，为学生创设了良好的学习传统文化课程及创新实验的氛围。

课程 5:《布堆画》，实验西校

实验西校自 2012 年 9 月引入“布堆画”这一传统文化项目，经过 8 年的探索、实践、传承、推广，形成蓬勃向上的中华优秀传统文化教育的校园人文生态环境。2018 年 12 月 7 日，作为闵行教育传统文化优秀项目单位参加了第四届上海国际手造博览会，使这一传统文化得到很好的传播；2019 年“民间塑作”艺术课程领衔学校成为 2019—2021 年闵行区美育特色联盟盟主校。2020 年 7 月，成为“一校一品”特色项目学校，真正实现“多元发展 人人成功”的办学理念。

（三）研究型课程

除了基础型课程和拓展型课程的开发建设，区内各校还充分挖掘学校自身的资源和特点，开设了研究型课程。研究型课程的形式不拘泥于课堂，甚至会走出校园，主要通过实地探访或亲身体验方式，在真实的情境中，激发学生自主探究中华优秀传统文化的兴趣。

区域内开设研究型课程的学校有 37 所（33.33%），其中小学 23 所、初中 13 所、高中（含中职校）1 所。每所学校平均开设一门课程，主要对象为一到八年级学生，高中几乎没有与传统文化有关的研究型课程。平均每周 1 课时，主要内容为皮影、文化等，其中文来实验等 4 所学校开设皮影主题课程，晶城中学等 2 所中学开设中医文化主题课程。主要形式以探究、研学为主。同时，莘光中学等 5 所学校选择了探究的形式，紫竹小学等 2 所学校选择了研学的形式。

1. 校内设计研究主题

结合学校实际情况和教师资源，开发相关系列的主题活动课程，让学生带着问题在探究中更全面地、直观地体验民族文化，点燃其对传统民俗、民间艺术的兴趣，在审美体验中涵养品格。以下摘录区域学校开展主题研究课程情况：

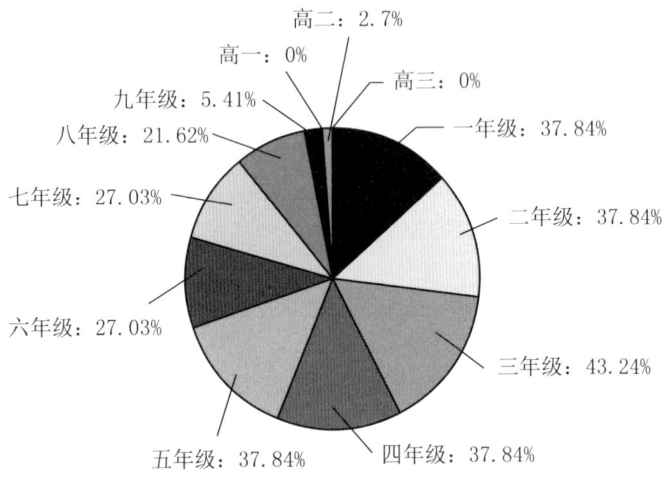

图 4-5 研究型课程开设年级分布

案例 1:《中医药文化》，蔷薇小学

自 2019 年 1 月引入"食·识·中草药"项目，学校基于"百草园·中医药移动教室课程 + 学生项目型学习方式"的建设，以校园内可见的药食同源类植物为研究主题，以物联网技术为支撑，从植物的认识、种植、炮制和使用等环节，开启"识—食—实"的探索模式，在帮助学生传承中医药文化的同时，提升其创新能力和综合素质。

案例 2:《茶艺》，梅陇小学

自 1996 年引入茶艺这一传统文化项目，学校全面开发、综合利用茶文化教育资源，以茶育德、以茶启智、以茶怡情、以茶健体，以茶之真谛"和、静、怡、真"作为校训引领，围绕办学目标和培养目标，广泛、持 久、深入地开展"茶香诗韵"民族文化教育活动，以点带面，全面推进学校素质教育，打造茶文化教育的办学品牌。学校已荣获“上海市茶艺特色校”“十佳少儿茶艺特色项目学校”称号。

案例 3:《二十四节气》课程，福山实验

二十四节气是自然之道，是中华民族优秀传统文化。在《中小学综合实践活动课程指导纲要》的引领下，以“人文底蕴、科学精神、学会学习、健康生活、责任担当、实践创新”六大核心素养为根基，依托学校“五育备举，个性飞扬”的育人价值追求，围绕“人格力、学习力、文化力、健康力、交互力、全球力”的课程育人目标，结合“互联网+”背景。以二十四节气为轴心，以自然与传统、各学科融通为经，以学生自主个性化学习为纬，从学科走向生活，从知识走向能力，让学生感受万物的变化和生命的价值，对自然要亲近、探索、发现、表达和交流，对传统文化要敬重，对健康、达观人生态度要节律式养成，培植全面发展的人。

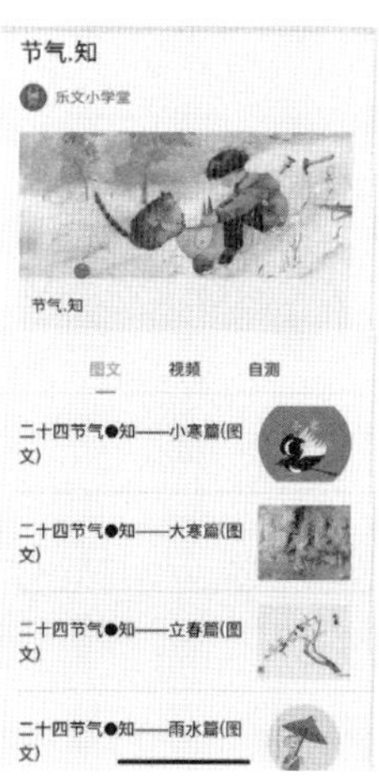

案例 4:《节日文化》,鑫都小学

2016 学年起，鑫都小学校开始着手实施“传统节日文化育雅行”项目。经过三年多的探索，在立足学校办学理念和实际校庆的基础上，逐步开发出了一套以六大中华传统佳节为主题的《传统节日文化育雅行》校本教材和每年的假期学生活动菜单，并通过校内德育课堂和校外社会实践两大途径落实。近四年来，学校通过“以校本教材为依托，以实践活动为载体，以多元评价为导向”的课程实施推进，将中华传统节日文化资源不断渗透到学校的日常德育活动中，取得了一定的成效。本项目于 2020 年被评为“闵行区传统文化教育优秀项目”。

案例 5:《Walking 上海》,平阳小学

平阳小学深入挖掘本土文化教育资源，自 2005 年 9 月起开展传统文化项目“海派文化”系列课程开发实践。《Walking 上海》以培养具有“中国情怀和国际视野”的学生为育人目标，以“自主探究”为主线，“Walking”为形式，引导学生用脚步丈量上海、用眼睛发现上海、用心灵感知上海。2017 年 4 月，获得“市教学成果评选”一等奖；2019 年 10 月，“Walking 七彩课程”入选“闵智课堂”课程图谱精品课程。

案例 6:《非遗手造》，实践基地

闵行区青少年实践教育基地建立“爱非遗”手造创新实验室，开设了扎染、编织、裁剪、缝纫等手作课程，竹艺、木艺、葫芦加工等创意

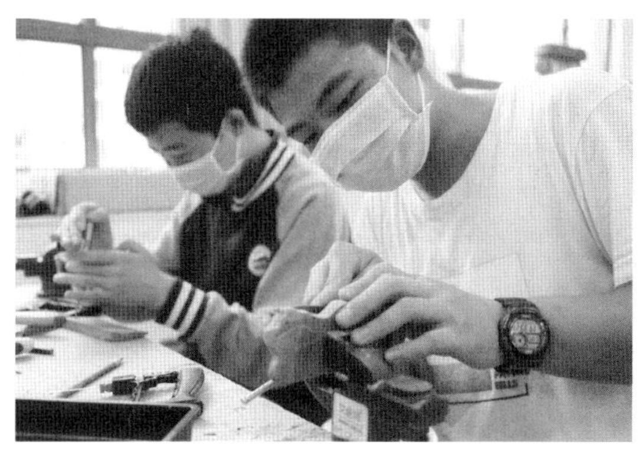

课程，注重民族精神教育、传统文化技艺的体验与传承，将中华优秀传统文化教育贯穿实践教育全过程。2017 年获得上海国际手造博览会杰出贡献奖，2018 年获得"阅中华·悦成长"闵行区中华优秀传统文化教育优秀项目等荣誉。

案例 7:《手账》，汇秀小学

汇秀小学自 2018 年 9 月引入"最 ing 上海——手账课程"这一传统文化项目，通过假设学生是上海旅游大使，要向别人推荐上海，在这过程中去了解自己家乡的文化，并进行创生，通过文创载体从不同角度展现上海，体验上海文化的优势并加以发扬，将阅读、美术、特色文化、社会角色拓展与德育相结合，深入挖掘和弘扬中华优秀传统文化蕴含的核心思想理念、中华传统美德、中华人文精神，荣获（2017—2021）闵行区传统文化教育优秀项目称号。

2. 校外研学，用地域资源涵养青少年

基于闵行及上海地域性传统文化教育资源，闵行区教育局先后组织学生开展研学探究等活动，围绕闵行地区文化中的人文、地理、历史、自然、艺术、社会等因素，以项目整合形式呈现研学实践课程，通过开展寻找古迹遗址，探究家乡传统文化项目，走进工匠人物等活动，充分利用了地域资源，对传统文化教育起到了很好的补充作用。

比如，颛桥中心小学在研究型课程的建设中，根据校情特点自主设计了“家乡今昔”“我与民族艺术”“美丽的校园”三个研究主题，利用节假日开展专题研究。如 2018 年寒假，颛桥小学开展“我爱美丽颛桥——寻找家乡的年味”的研学旅行，充分挖掘本地区的民间文化之乡的地域特色，组织学生分阶段开展对颛桥地区的剪纸文化、鼓文化、糕点文化的探究，激发学生对家乡的热爱。

闵行区汽轮小学在研究型课程中，组织学生参观考察上海航天设备制造总厂，学习航天人勇于探索、勇于创新的科学精神；参观老闵行历史陈列馆，了解家乡的文化厚土；走近黄浦江畔的项家老宅，和古建筑来个亲密接触；假期小队探访七宝老街，开展主题研学活动，在社会实践活动中，把中国传统文化之美的种子播撒在学生们的心田中。

颛桥中学以探究课为平台，全面普及农耕育种知识。农耕育种的探究课主要在六年级中开展，探究老师自主研究，自行建设了一套适合该校校情的探究课程内容，引导学生从认识植物入手，了解普通育种与航天育种的区别，开展农耕育种的实践活动。孩子们在“梦之源”播种种子，每天细致地观测、记录、分析种子的生长情况，制作精美的“观察记录册”。他们播种培育的不仅仅是一颗种子，更是一颗颗有追求的

“嫩芽”，在“梦之源”这块肥沃的土地上，他们播撒希望，发展思维，培养能力。

七宝二中以地方文化资源为载体，通过开展“文化探访”探究项目，实践学生智能发展的校本德育探究课程，课程内容逐年迭代更新。如 2013 年研发“在地文化资源”探访项目，2015 年研发“传统节日”“特殊纪念日”探访项目，2018 年 4 月研发“社会实践渗透生涯教育”探访项目，2020 年 6 月研发亲子“文化之旅”项目。

综上，为了更好地传承和汲取传统文化的精髓，闵行区各校将中华优秀传统文化纳入教育教学中，尤其是以课堂、课程为主阵地，把中华文化特有的价值取向、审美情趣、德行素养和民风民俗贯穿到三类课堂中，使学生们接受中华优秀文化的熏陶，吸收民族精神的营养，力求将现代意识和传统文化融会贯通，培养既具有现代精神，又富有中华优秀传统的“现代人”。

中华优秀传统文化与课堂、课程融合是落实国家立德树人教育目标的重要一步，是传承社会文明、促进教师专业化发展、提高学生核心素养的现实需求。因此，我们从经典篇目、人文典故、民风民俗、艺术特色等领域选择合适的切入点，并充分考虑学科特点、学科教学目标、学生实际生活，做到不违合、不机械叠加、不过度拔高，让学生在真实情景中学习，把传统文化化繁为简，实现结构化、主题化，从根本上落实立德树人。

三、开展中华优秀传统文化主题教育，有效组织德育活动

中华优秀传统文化的实践离不开主题活动教育。从学校层面来说，学校德育工作是中华优秀传统文化教育开展的重要途径，形式多样、系列化的“中华优秀传统文化”主题教育实践，是让学生获得人格及精神上的涵养及升华，树立和增强学生的文化自觉和文化自信的有效举措。因此，闵行区各学校充分利用班会课、主题教育课、队团教育、升旗仪式、节庆教育等载体，举办语言类、艺术类、影视类等各类大型比赛，加强中华优秀传统文化教育，通过丰富多彩的德育活动、校园文化活动，落实教育目标。

（一）“一起过节”，中华传统节日一体化项目

节日文化是一种历史文化，是一个国家或民族在漫长的历史过程中

形成和发展的民族文化，也是一种民族风俗和民族习惯。如春节是中国历史上最隆重、最热闹的节日，它凝聚了中华文明的历史文化的精华。清明节从古时的祭祀怀念逝去的亲人到现在的缅怀烈士，祭扫陵园，是对学生进行爱国主义教育和英雄主义教育的最好节点。中秋节是祈求一家人团聚，预祝家人幸福的节日。国庆节是了解祖国的成长史、发展史，祝愿祖国繁荣昌盛……中国传统节日文化凝集着中华民族的智慧，蕴含着积极向上的道德追求和丰富的价值观念，在培养青少年人格修养、理想和道德情操，发扬爱国主义精神，培养社会责任感等方面有着重要的现实意义，是对青少年进行传统文化教育的宝贵资源。

为了推动社会主义核心价值观的大众化、生活化和时代化，闵行区教育局以“我们的节日”为载体，从“了解传统节日、体验传统习俗和参加节日文化活动”三个环节入手，精心设计、开展各类基于日常生活、基于真实体验的朴实而又生动的传统节日教育。

1.“一起过节”系列化

在全区推进的“我们的节日”进校园活动中，已形成了颛桥小学“颛小鼓娃过节”系列，汽轮小学、闵行区实验小学、七宝明强小学的“校园四季”系列，航华一小的“话香囊、闻香囊、舞香囊、做香囊、创香囊”过好端午节等系列节日品牌活动。

比如，闵行区航华第一小学积极探索校社合作，将传统节日文化教育同学生的行为规范教育紧密结合。2008 年起邀请社区香囊艺人陈杏之女士为学校校外辅导员，指导学校香囊社团的活动。从跟着学做香囊，而后到与社区联动，开展传统文化的互动活动，演绎香囊舞，走进香囊原料等。学校立足传统文化的教育实践，对于非遗项目香囊做到了传承与发展，通过多年的摸索实践，秉承创新与坚守，获得不少好评。

2.“一起过节”仪式化

通过组织师生、家长参加“萃荟元宵”游园会、“龙跃浦江”端午文化节、“月满水博园”马桥中秋民俗文化活动、“九九颛桥·重阳糕会”等节庆活动，让大家在参与民间工艺、习俗游戏、舞台表演、品尝制作传统美食等喜闻乐见的活动中，更好地了解中华传统节日文化的知识，体验各种民俗节日风尚。

同时，以中国传统节日为载体，区域积极探索中小学贯通的传统文化教育体系，充分挖掘节日蕴含的传统文化内涵、爱国主义情感、传统美德等教育内容，从而在一系列的礼节和民俗活动中把仁、孝、慈、义、和、信、俭、廉、耻、善等渗入到育人过程中，细化到良好家风的培育和传承中，引导青少年学生珍惜和感恩现在的幸福生活。

（二）“一份活动菜单”，中华传统文化主题大赛项目

1. 整体规划与分步实施相结合

每年 3 月，闵行区教育局制订年度“阅中华·悦成长”传统文化传承发展项目的实施规划，确定传统文化教育的具体内容和相关要求，制订出本年度区域中华传统文化主题“活动菜单”；4 月，召开区域层面传统文化教育工作的推进会，解读和发布“一份活动菜单”（见表 4-15），以此部署和推进传统文化教育，确保各阶段的任务有序高质达成。

表 4-15 闵行区“阅中华 · 悦成长”传统文化教育活动菜单

时间	主题活动	参与对象	开展形式
4 月	区域传统文化教育推进会	全体学校	表彰展示
5 月	“美丽汉字”系列活动	小学	现场展示
6 月	“文来杯”经典吟诵	初高中	现场展示
7 月	传统文化主题研学	特长学生	简报汇编
7—9 月	“君莲杯”传统文化学习和探访	3 年级—高二	专题读本
10 月	“城”现场书法大赛	1 年级—高三	优秀作品集
11 月	“黎明杯”优秀书法作品展评	1 年级—高三	优秀作品集
12 月	由报优秀校、优秀项目、优秀课程和个人等	全体学校	
2 月	传统文化主题研学	特长学生	简报汇编
1—3 月	评选优秀、编辑成果	全体学校	成果集

在此基础上，为深入学习贯彻党的二十大会议精神，将“中华优秀传统文化是中华民族的根和魂”这一目标落实落细，闵行区持续推进中华优秀传统文化教育系列主题活动。

比如，2022 年区域层面组织开展闵行区传统文化教育优秀项目（课程）（见表 4-16）、“我是非遗传习人”系列的评选活动（见表 4-17），从而深入做好优秀传统文化的创造性转化、创新性发展，促进中华优秀传统文化传承有抓手，发展有路径，育人有成效。

莘城学校
XINCHENGXUEXIAO

《墨香文化是个啥》
黎小书法是特色，美育盟主不是吹——有底蕴！
从小学习写书法，培养学生养习惯——真不错！

表 4-16　2022 年闵行区中华优秀传统文化教育优秀项目（课程）

序号	学校简称	申报的优秀项目（课程）名称	课程简介
1	世外浦江	沪谚 +	通过拍摄沪谚宣传片、吟诵沪谚、用沪谚讲述二十四节气、开展沪谚期末表现性评价等，创建沪谚工作室、打造沪谚文化墙、设计沪谚文创产品等，在实践与体验中保护并传承中华优秀传统文化，增强民族自信、文化自信
2	蔷薇小学	神气小囡五行操	这是一套特色传统功法健身操，汇集五个传统经典养生动作（龙游式、挽弓式、鼎式、虎啸式、潜鱼式），分别配以五行、五季和五脏的传统文化和中医养生意蕴，动作舒展、刚柔相济，整套操 4 分钟，可以微微出汗，振奋精神，深受师生喜爱
3	七宝鑫都	"泥"塑	项目以春节、元宵节、清明节、端午节、中秋节、重阳节六大传统节日为单元主题，利用超轻黏土，借助新颖有趣的辅助材料，让学生充分体验动手动脑乐趣，提升空间创造能力，加强对中华传统文化的认识与热爱
4	虹桥小学	民族舞	项目注重引导学生感知中华传统文化的多向性和交融性，推进民族传统文化进课堂、进社团、进课后服务、进学校少年宫，用看得见的肢体表演，听得见的音乐律动，以舞释美，以舞塑人；用看得见的台前精彩，看不见的幕后磨炼，以文化人，涵育人心
5	华星小学	纸艺	课程以"纸艺"为载体，设置不同年级梯队的校本课程：折纸、剪贴画、衍纸、剪纸、纸塑，从"学、创、玩、用"四个方面进行创意教学，让学生在与纸的互动过程中，体验绽放在指尖上的纸艺美、劳动美，实现了"以纸喻人，以纸育人"，传承纸艺文化

续表

序号	学校简称	申报的优秀项目（课程）名称	课程简介
6	明强小学	花艺	课程从学生成长需求出发，以插花艺术入手，在参与“种花、观花、识花、研花、插花、用花”等实践过程中，感受传统文化的魅力，促进学生成长为责任担当者、问题解决者和优雅生活者。以此构建起生动灵活、富有美感和时代感的“新时代传统教育课程”
7	师培附中	中华武术	项目开设武术礼仪、武术典故、武术兵器、武术传统文化知识等系列课程，并结合中国武术博物馆的资源，开展武术传统文化知识研学实践，提高学生对传统民族文化的兴趣
8	颛桥小学	朗韵合乐	朗韵合唱团每学期必唱 1—2 首中国合唱作品，如以古诗词、三字经为唱词的新学堂乐歌，各民族传统民歌改编的作品等，从而扩展学生们对于优秀传统文化的了解，提升学生对于民族民间音乐艺术的欣赏和表演能力
9	航华一小	国画	项目以墨笔、线条为骨架，写实与表意相结合，强调画的意境与神韵，在临摹练习中引导学生感受“国画”魅力，体验绘画过程中的“意境美”和“风雅情”，加深对优秀中华传统文化的认同与喜爱
10	实验小学	创“艺”魔方	项目以二十四节气为主，聚焦泥塑、蜡染、编织、国画等传统美术技艺，通过打造“校园博物馆”的方式，将中西文化以多元的艺术形式与环境相融合，形成人与人、人与艺术以及艺术与环境之间的交流沟通，提升校园文化内涵和品质

表 4-17　2022 年中华优秀传统文化传承暨“我是非遗传习人”获奖名单

“我是非遗传习人”（民间手工）获奖名单				
序号	学校简称	作者	作品名称	获奖类别
1	七宝三中	高孜晴（学生）	青凤鸾	金奖
2	群益职校	宗永鹏（学生）	祥云瑞彩	
3	景东小学	汪俊宇（家庭）	陶泥	
4	七宝三中	张钰涵（家庭）	钩针	
5	实验小学	姚莉萍（教师）	景泰蓝掐丝珐琅画	
6	文来实验	翁子越（学生）	泥塑	银奖
7	浦江二中	徐旸（学生）	书法	
8	莘城学校	朱宇佳（学生）	绒花、福寿三多	
9	文来实验	朱家萱（学生）	手工编织	银奖
10	上师三附小南校	潘蕾芬（教师）	海派盆景技艺	
11	文来中学	金花（教师）	布艺	
12	文来实验	张琳琳（教师）	皮影	
13	交大马桥实验	何楚（学生）	醒狮	铜奖
14	文来实验	孙天睿（家庭）	非遗木雕寿桃	
15	蔷薇小学	王馨冉（家庭）	手工折纸	
16	闵行四中	陈乐妍（家庭）	剪纸	
17	文来实验	吴晓萍（教师）	剪纸	
18	教院友中	邓珊珊（教师）	花草蛋、钩编	

续表

“我是非遗传习人”（传统演艺）获奖名单				
序号	学校简称	作者	作品名称	获奖类别
1	蔷薇小学	陆骁艳（个人）	精忠报国	金奖
2	文来中学	社团成员（团体）	一条大河	
3	浦江二中	孙巍（教师）	绒花	
4	交大马桥实验	苏佳（个人）	红日绿树山花开	银奖
5	协和万源	周昱辰（个人）	武术	
6	颛桥小学	卢添昊（家庭）	家庭民乐小乐队	
7	浦江二中	社团成员（团体）	九州同	
8	景东小学	陈嘉懿（学生）	中华少年	铜奖
9	文来实验	陈一诺（学生）	雨竹林	
10	文来外小	金与珍（家庭）	戏曲、乐器	
11	文来实验	社团成员（团体）	闪闪的红星	
12	文来外小	项丹雅（教师）	诗意中国	
“我是非遗传习人”（微课类）获奖名单				
1	浦江二小	李芳	五谷与诗画	银奖
2	黎明小学	夏佩钦	心字底	银奖
3	田园二外小	肖睿	素雅的青花瓷	
“我是非遗传习人”（滨江文创）获奖名单				
1	田园外小（金都校区）	唐欣怡	滨江之梦	金奖
2	实验西校	陆彦仁等	绣出我们的滨江	

续表

“我是非遗传习人”（滨江文创）获奖名单				
序号	学校简称	作者	作品名称	获奖类别
3	浦江二中	社团成员（团体）	九州同	银奖
4	汇秀小学	倪梵翊、郁欣蓉	闵浦大桥滨江美景	
5	浦江三小	张劲恒	竹匾彩绘	铜奖
6	浦江三小	张逸辰	魅力滨江景观秀	
7	田园外小（银都校区）	梁斓曦	喜迎二十大	
8	浦江三小	徐缇雅	美丽的上海滨江景观	
9	实验西校	刘千华	滨江夜景——上海非遗剪纸	
10	实验西校	尚安书	文化与现代	

2. 经费支撑与活动支撑相结合

为推进传统文化教育活动的实施，闵行区投入专项经费 20 万元左右，用来开展诸如“经典吟诵”“书法”“传统文化知识大赛”等全覆盖的传统文化教育的区域活动。在此基础上，闵行区教育局联同闵行区文明办、闵行区文广局、上海教育报刊总社、上海书法家协会、艺术协同中心等单位，共同开展各类主题活动，扩大辐射面和影响力。在各类活动中让优秀传统文化怡情养志，以美育德，落细、落小、落实核心价值观。

如，在“服饰中的锦绣年华”活动中，同学们通过线下实地探访、线上云探究等方式，阅读服饰主题读本，走访服饰博物馆，学习服饰文化知识，探究服饰背后的文化与故事，了解服饰变化历程，感受服饰之美。从而让学生更多地了解和学习传统服饰文化，增强文化自信。

与此同时，我们组织推进和开展“经典吟诵”“书法”“传统文化知识大赛”“戏曲进校园”等全覆盖的传统文化区域活动，开展“一起上线”传统文化项目展示评选活动，区域学校的师生参与度逐年提升，社会影响力不断扩大。

如上，从校内到校外依托优秀传统文化资源，以深入推进优秀传统文化“两创”为抓手，把优秀传统文化全方位融入思想道德教育、文化知识教育、艺术体育教育、社会实践教育各环节，立体推进全环境立德树人教育。通过多元化课后服务，丰富学生的校园生活，延伸了传统文化教育与传承共促共融的“生态链”，让“小课堂”走进“大环境”，构建起家庭、学校、社会参与文化传承的“融合圈”，春风化雨般浇灌着“传统文化之花”。

四、推动中华优秀传统文化教育走进家庭，形成家校共育风尚

自古以来，人们就十分重视家庭的作用。《礼记・大学》在讲人生修养时，也建立起修身、齐家、治国、平天下的序列，把家庭的治理作为社会治理的立足点。2014 年，教育部颁发的《完善中华优秀传统文化教育指导纲要》明确提出，“坚持学校教育与家庭教育、社会教育相

结合。既要发挥学校主阵地作用，又要加强家庭、社会与学校之间的配合，形成教育合力”，强调了家校携手推进中小学优秀传统文化教育的必要性。

因此，将中华优秀传统文化融入新时代家庭教育，引导其增进对家国一体的价值认同，能够最大限度地激发广大人民群众的家国情怀，增强主动承担建设家国的责任担当，把爱党爱国扎根在思想上，落实在行动中。

（一）实施融合策略，家长成为“课程导师”

中华优秀传统文化历来重视家庭文明建设，充分挖掘中华优秀传统文化中家风、家教建设元素，与文明修身、文明城区创建紧密结合，从而带动师生家庭参与中华优秀传统文化项目的建设。

每学年初，各校在充分调研的基础上，选择邀请家长群体中热爱中华优秀传统文化、在某一项传统文化方面有一定技能的家长走入校园、走入课堂，担任拓展课、探究课中的传统文化“课程导师”，成为学校传统文化教育课程的指导者、实践者和志愿者。这些家长与学校老师一起组成非遗师资团队，开展校本非遗课程的研发设计，他们负责传授非遗技艺，学校老师负责组织校本非遗课程的推进与实施，将诸如戏曲、书法、皮影、剪纸等丰富的非遗项目引进校园、扎根在校园。在家庭，他们既是家长，又是非遗传习老师，激发孩子对传统文化的热爱，在他们的言传身教下让中华优秀文化在一代又一代人中得到发扬传承。以下摘录荣获 2021—2022 年度闵行区中华优秀传统文化教育学生优秀家庭材料：

【案例】

七宝鑫都 邹晨怡学生家庭

七宝鑫都六 9 班的邹晨怡同学，出生于一个热爱沪剧的大家庭。刚进入初中时，小小年纪的她就把学习中华传统文化，发扬传统美德作为自己的责任。

沪剧是上海的非遗剧种，邹晨怡是一个土生土长的上海小孩，从小在热爱沪剧的大家庭里成长。外婆和妈妈是沪剧爱好者，在妈妈还小的时候便耳濡目染，喜欢和外婆一起用当时的收音机和磁带听沪剧，一家人就哼哼唱唱起来，所以成为一名沪剧演员就是当时妈妈的梦想，可奈何当时妈妈还年轻，有着不定因素，只好把梦想藏于心底。到后来妈妈通过自己的努力，与外婆外公一起，在丈夫的支持下，决定追逐自己的梦想！把传统文化发扬光大！在这之后，妈妈和外婆便常常参与各种民间沪剧文化欣赏活动。牙牙学语时小晨怡便表现出对沪剧音律特别的爱好，跟着外婆和妈妈看沪剧、听沪剧，不仅能哼，而且会唱，音韵唱腔有板有眼。

2018 年，邹晨怡的母亲为了让有天赋有灵气的小晨怡能传承这份家庭的热爱和上海的非遗传统文化，与邹晨怡的父亲商议后，成立了自己的公益团队。这项公益事业不为经济利益，也没有经济利益，全为将一家人的热爱发扬光大。邹晨怡父母为团队请来了沪剧院专业老师进行指导，组织排练，将传承弘扬优秀传统文化和发展紧密结合起来。通过在市公共文化配中心的平台点单送戏走近全市的各个社区活动中心，还为社区居民提供了公益演出活动，奉献给社会，发扬传统文化和艺术气息！

在那时候，邹晨怡的母亲有了一个把女儿培养成为一个传统沪剧传承人的目标和愿望。五岁那年，一个偶然的机会母亲和孩子父亲决定把她送到上海沪剧院沪语训练营开始专业培训，当晨怡知道要去上海沪剧院学戏时十分高兴，并且也期待成为一个小小沪剧传承人。于是，母亲和她一起来到了沪剧院面试，并非常顺利地通过了。看到晨怡脸上露出的笑容，母亲十分欣慰。

晨怡很用功地坚持练功练唱，得到了老师的好评和认可，曾参加了《喝彩中华》电视拍摄《阿庆嫂》表演唱节目，代表上海沪剧院训练营参加了浦东第三届艺术节开幕式演出。

功夫不负有心人，邹晨怡勤奋学唱了很多的段子，戏班里的学生还经常去敬老院慰问演出，在台上演绎着不同的角色。如老师、母亲，还有英雄人物等，当然，邹妈妈的剧团里也要利用好这么优秀的小演员啦。在剧团里，小晨怡和团员一起排练了沪剧《阿庆嫂》，拍下了可爱的剧照，在演出过程中，与团员互动生动。还有沪剧《生死对话》，这是母女同台参加的公益演出，她们在剧中扮演的也是母女的角色。在这两次排练过程中一遍又一遍地念白和唱词并和乐队配合，晨怡一点都不嫌麻烦，反反复复排到她自己满意为止。演出当天，小晨怡精彩的表演和演唱都得到了观众热烈的掌声和好评。

戏剧并不是一种表演类的节目，也不是图眼睛的一时之看，图耳朵的一时之听，每一段戏曲都包含着不同的情感，那种情感是当时不同时代人寄托于生活的情感，与对未来美好生活的向往，这可以是一种跨时空的交流，而我们需要做的就是把戏曲发扬光大，传承这个上海的文化，为社区和居民老百姓提供更好题材的公益活动，让更多的小朋友、年轻人认识到沪剧并不是他们眼中所谓的“土”，甚至喜爱上沪剧。我们要充分发掘出它的精神来教化自身，我要把传统文化精华，内化于青少年的性智，外化为青少年的行为，为提升孩子们的文化修养，塑造新时代的社会主义传人，弘扬中华民族优秀传统文化做一点微薄的贡献！

在此基础上，区域内有些学校还邀请家长参与传统文化教育课程的策划与实施，构建大队辅导员、中队辅导员和家长辅导员三位一体的“共商共建模式”。比如，梅陇小学开发形成的《少儿茶艺》《茶艺双语》《快乐茶世界》《茶香诗韵》等在内的茶文化教育拓展型课程群；平阳小学的《Walking 上海》项目，都邀请家长共同参与管理，听取他们的建议和想法，尤其是家庭中开展项目的内容要求，提升项目实施中的家校互动有效性。

（二）建立评选机制，创新家校共育内容

我们面向全区域中小学校的家庭开展中华优秀传统文化教育优秀家庭的评选活动，积极传承中华传统文化的新时代内涵，在家庭、家教、家风建设中汲取传统文化中的思想精华和道德精髓，培育良好家风，营造“家”文化，推动传统家庭美德在新时代创造性转化、创新性发展，在传承中绽放出新的光芒。以下摘录部分中华优秀传统文化优秀家庭的实践感悟：

【案例】

优秀的传统文化在我家"生根发芽，茁壮成长"

闵行区莘庄镇小学　俞博睿

习近平总书记指出："不忘本才能开辟未来，善于继承才能开拓创新。"在中国传统文化中，家庭代表着亲情、安全感和归宿感。家庭是社会的基本单位，也是个人成长和发展的重要场所。家庭对于中国人来说也有着重要的社会责任，是保存家族传统的地方，我的家就是这样不断地传承和弘扬着传统手工艺文化。

01 家庭的浓厚氛围，让我从小梦想成为一个"小小手艺人"

别看我年纪小，动手能力可不差，在家的耳濡目染，让传统手工艺制作不知不觉间也成了我的爱好和特长。

每到节日都是我大显身手的时候：清明节我会和奶奶一起煮花草蛋和青团。一个普通的鸡蛋被我和奶奶加工成了精致的艺术品，我都舍不得吃了；青团软糯清甜，十分好吃。过年时，我和妈妈做福袋红包，高高兴兴的装压岁钱。和爸爸一起做复杂的兔子花灯，爸爸接通电源，晚上我们可以提着灯笼去拜年；在平时日常生活中，我更是经常手工编织各种小包包、小挂件、小玩偶等。我也学会了简单的中国结编绳，针线缝制小香包。此外，妈妈在休息时间都会积极带我参加学校、社区组织的各传统文化实践活动：比如绕线画、平安结车挂制作、缝制零钱包等。我记忆深刻的是一次植物拓印帆布包，在拓印时，我不小心把材料弄到了脸上，逗得周围的阿姨们哈哈大笑。

这些活动不仅让我手艺看涨，动手能力加强，更让我体会到手工制作的快乐，提升了我的审美情趣和思维能力。

02 家庭对传统文化的弘扬和传承，润物无声

我超强的动手能力和对手工制品的热爱全部源于我温暖的家庭。我家有着浓厚的传统家庭文化的氛围，当然，这全得益于我的妈妈。

从小，我跟妈妈一起读《三字经》、背古诗，接受传统文化的熏陶。现在我已经背了有快 80 首古诗了。妈妈作为创意手工基地老师，对传统手工制作非常热爱，甚至到了痴迷的地步。

在日常生活中，她经常带领我和家人制作一些传统手工艺作品。妈妈教我用毛线编织蛋袋，这样我不舍得吃的花草蛋就可以挂在身上啦！妈妈还教我认识了一些常用的中草药，她说中药是中华民族的瑰宝，我们要多了解认识它们。妈妈做的第一个手鞠球香囊就是填充的艾叶，不仅驱蚊虫还美观，我一直珍藏着。新冠疫情期间，妈妈的手工课堂改成了线上直播或者录播视频。我经常协助妈妈制作课堂上展示的手工样品，还会帮妈妈拍摄照片和视频。每年春节前夕，妈妈带着我剪窗花，写福字，爸爸教我贴福字、贴对联，爸妈说等我再长大一点，这些事就可以全包啦！爸爸的手工维修技术高超，我最喜欢跟着爸爸做修理，在爸爸妈妈的带领下，我的动手制作能力有了很大的提高。

正是在这种浓厚氛围的耳濡目染下，我从小接受着手工制品这一传

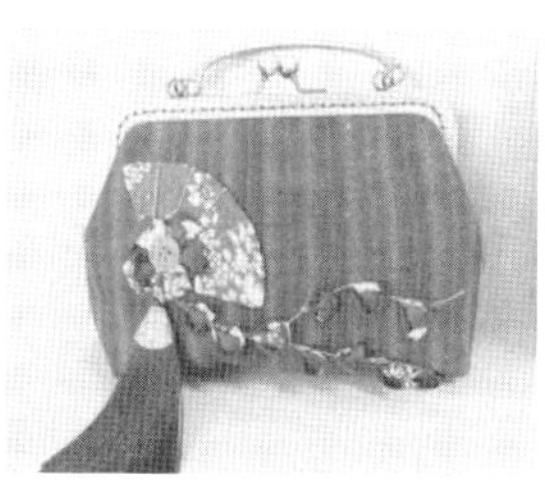

统文化熏陶，让我觉得乐动手、爱动手是我家中每一个家庭成员都发自内心喜爱的一件事，不仅发自内心，更是实践于行。

瞧瞧妈妈的手艺，常常让我们啧啧称奇。

03 对传统文化的热爱，让我的家中“硕果飘香”

一直以来对传统文化的热爱和追求，让我们家中到处“硕果飘香”，妈妈制作的传统手工制品不仅帮学校赢得了品牌项目，还获得了闵行区和上海市手工类诸多奖项，其中《老布包作品》获得了上海市民手工工艺类一等奖。妈妈还成了闵行区学校少年宫、闵行区传统文化、闵行区创意手工基地优秀指导老师，让更多的同学和家长们感受到中国传统文化的魅力和吸引力。妈妈对传统文化的热爱也让我家成了“传统手工艺之家”，元宵节期间，我和妈妈参加社区组织庆元宵活动不仅吃到了我们自己手工制作的汤圆，还获得了猜灯谜活动第一名；参加爸爸单位组织的亲子嘉年华活动获得了“传统家庭”优秀奖。

我家就是一个传统的中国人之家，有着健康、良好的家庭传统文化氛围。在我家，爸爸妈妈尊老爱幼，关系融洽和睦，我也学会了尊敬长辈、热爱劳动。爸爸妈妈的动手能力强，他们也很重视对我的培养，我也从小耳濡目染，认真学习传统手工艺知识和技艺，努力继承中华优秀传统手工艺文化，争取开拓创新，将其发扬光大！

学校评价：

俞博睿家庭在弘扬传统手工制作这一传统文化上发挥了不小的辐射作用。孩子不仅积极参加学校、市区各项动手类活动比赛，家长也积极投身传统文化的宣传和弘扬中，常作为家长志愿者来校进行“家长进课堂”手工课的教学，激发更多孩子对这一传统文化的兴趣和热情。他们所营造的浓厚的家庭氛围，让孩子、家人都热爱传统文化，为传统文化的弘扬起到了很大的推动作用，让传统文化在家庭中真正的“生根发芽”。

【案例】

热爱书法的我们

严艺博家庭　华东师范大学附属紫竹小学

文字的起源是文明发源的象征。汉字又承载了中华优秀传统文化的发展史。在健康良好的家庭文化氛围熏陶和校内外各类课程的培养下，严艺博热爱中国传统文化，尤其是书法创作。

严艺博 6 岁开始学习软笔书法，8 岁通过书法四级考试，目前已经学过赵体楷书和隶书《曹全碑》，接下来将学习颜体楷书。学习书法三年来，严艺博的书法作品深受老师们的认可。书法作品曾获得两项国家级奖励和 3 项区级奖励。分别是 2022 年“致敬英雄”全国少年儿童文化艺术创作主题教育活动小学低龄组书画项银奖，第二十六届全国中小学生绘画书法作品比赛书法类三等奖，《小手牵大手　“童”心齐抗疫》活动书画类一等奖，“中文自修杯”第八届上海市小学生“美丽汉字小达人”区级活动二等奖，以及“中文自修杯”第九届上海市小学生“美丽汉字小达人”区级活动四年级“闵行区汉字小能手”。

严艺博不但热爱书法，还积极把自己的特长应用到公益活动中。

2021 年班主任节，严艺博积极响应紫小“送礼不如送‘理’”的号召，现场创作赠送班主任老师的书法作品：“传薪授业师恩难忘，化雨栉风紫筱长青”，感谢老师们的谆谆教诲，也送上对紫小最真挚的祝福。

2023 年大年初一，严艺博跟着紫小的老师和同学们一起慰问独居老人。她给老人们送上了自己花两天时间亲手制作的手工立体贺卡、对联、福字和新年吉祥灯谜。她的书法作品深受老人们的喜爱。82 岁的独居老人沈奶奶赞许了严艺博的丰富知识，还嘱咐严艺博妈妈一定要继续好好培养她。

大年初一，严艺博带着自己的作品和老师同学们一起慰问独居老人，还得到了祖辈的谆谆教诲：“小姑娘，你的书法写得这么好呀！我们祖国未来有希望啦，以后，你继续好好练习书法，把我们的传统文化发扬光大！”严艺博会一直牢记奶奶的谆谆教诲，传承中华传统文化，笃行不怠。

严艺博在自己组织的兔年线上“家庭春晚”上还跟爷爷奶奶分享了新春书法作品，朗诵在“你好，寒假！”隔代共学互学活动中学的新春古诗词。通过学习书法以及汉字知识、书法作品和书法家的历史故事，严艺博也跟着书法老师学习了很多中华历史文化知识，愈发热爱中华优秀传统文化。

在“家校社”协同培养下，严艺博通过不断学习中华优秀传统文化，成了一个德智体美劳全面发展的孩子。我们家长在培养孩子的同时也不断学习，与孩子共同进步！我们的家庭教育也希望能为中华优秀传统文化的传承发展添砖加瓦。

学校评价：

新冠疫情影响下的三年来，严艺博家庭积极参与每一次吴泾镇社区和华师紫小组织开展的隔代共学互学活动，学知识，练本领，修品格，在此过程中，传承并发扬中华书画文化，为自己的祖辈和社区的祖辈送上一份温暖。在她的成长的过程中，始终有祖辈、父母“教学相长”式的陪伴，家庭中形成了代际共学共长的良好氛围。

五、实行中华优秀传统文化教育校际联动、校企联动、校馆联动，整合教育资源

非遗的保护和传承是一个系统性工程，需要引入先进教育理念、健全工作机制，以及社会各界力量的支持。闵行一直致力于将优秀传统文化与现实生活相融合，集聚各方资源，打破非遗资源时间与空间的桎梏，以实境式体验及成果展示等方式让学生感受到非遗的魅力，实现传统文化的创造性转化和创新性发展。

（一）政府主导，建设传统文化资源馆校大课程

“闵行”的“闵”字，是“门”里加个“文”，闵行是联通世界的门户，也是涵养海派的文心，蕴藏着丰富的传统文化教育资源，区域内的博物馆、非遗场馆、文化基地都是学生开展传统文化教育实践的第

一手课程资源。从 2017 年起，闵行区教育局联动翰林匾额博物馆、颛桥剪纸大观园、上海海派漆器艺术馆、马桥手狮舞艺堂、莘庄钩针编结坊、华漕手工艺体验基地、浦江非遗手工艺传承基地、民族乐器陈列馆等近 30 家传统文化教育相关单位，并挂牌成立“闵行区青少年研学实践教育基地”，共同开发馆校共育系列课程（见表 4-18），推动学校教育与博物馆教育的深度融合，让中华优秀传统文化赋能教育，突出博物馆教育阵地和学校文化传承功能，实现教育资源的优势组合和教育效应。

表 4-18 “馆校联动”（2020—2021 年）闵行区传统文化教育课程安排

序号	场馆名称	校馆共育课程	对接学校
1	闵行博物馆	《懂党史　知历史　说四史》 《博物馆探寻红色基因》	明强二小 七宝三中
2	张充仁纪念馆	《纪念馆探寻红色基因》	七宝二中 航华二小
3	宝龙美术馆	《红色党史进校园》 《书藏楼中悟党史》	明强小学 振兴小学
4	明珠美术馆	《上海市保护建筑中的红色印记展公益导赏》	金汇实验 龙柏一小
5	地铁博物馆	《情景党课诗朗诵》	七宝实小 龙柏中学
6	上海航宇科普中心	《形形色色的飞行器》 《揭秘发动机》 《航空史上的先驱》 《月球小精灵——玉兔号月球车》	梅陇小学 鑫都小学
7	美博美术馆	《非遗文化进校园四史教育在行动》	新梅小学 鑫都中学

续表

序号	场馆名称	校馆共育课程	对接学校
8	颛桥剪纸大观园	《剪纸建党百年主题设计》	新梅小学 龙茗中学
9	上海海派漆器艺术馆	《海派漆艺创新美育课程》	颛桥小学 田园外小
10	马桥手狮舞艺	《马桥狮舞武艺堂展览讲解》	纪王学校 诺德安达
11	莘庄钩针编结坊	《党建新活力——钩针编织进校园》 《莘庄钩针编织坊参观活动》	强恕学校 马桥小学
12	闵行老街展览馆	《闵行老街展览馆参观》	莘松中学 莘松小学
13	俞塘民众教育纪念馆	《俞谭民众教育纪念馆参观》	闵行小学 文绮中学
14	华漕手工技艺体验基地	《紫砂陶艺走进校园》 《漆盘贴金，彩绘走进校园》 《陶瓷手工编织》	文来外小 马桥实验
15	老闵行历史文化陈列馆	《老闵行历史文化陈列馆参观》	华漕学校 上闵外
16	浦江镇非遗手工艺传承基地	《沪谚家训家规课堂》 《舌尖上的东乡文化》	鹤北小学 闵行五中
17	民族乐器陈列馆	《神奇的中国乐器》 《探秘中国乐器》	浦江二小 浦江高中
18	上海观止矿晶博物馆	《国之重器话地质》	航华一小 上虹中学

目前，区内翰林匾额博物馆、颛桥剪纸大观园、上海海派漆器艺术馆、马桥手狮舞艺堂、莘庄钩针编结坊、华漕手工艺体验基地、浦

江非遗手工艺传承基地、民族乐器陈列馆等近 30 家传统文化教育相关单位成为“闵行区青少年研学实践教育基地”，形成了“神奇的中国乐器”“沪谚家训家规进课堂”“海派漆艺创新美育课堂”“保护建筑中的红色记忆”“剪纸建党百年”“马桥手狮舞普及课堂”等馆校共育系列课程，实现教育资源的最优组合，实现更好的教育效应。

以下摘录区域学校开展馆校合作课程探索实践内容：

《精心研磨课程　做好传统文化传承者》

翰林匾额博物馆

我馆是古代匾额主题博物馆。匾额在古代，如同带有铭文的青铜器，既真实记录了那个时代的历史史实，又反映了当时的艺术、科技成就。且匾额使用广泛，几乎涵盖了人类生活的方方面面。但其核心是通过题、送匾之间真实感人的人物及故事来传播中国人的核心价值观、民族精神等励志报国的思想体系，是对中小学生进行爱国主义教育的活教材。加之这些优美的故事同书法艺术、文词使用艺术、篆刻及建筑装饰艺术有机地融为一体，达到了很高的审美意境，会使孩子们印象深刻、流连忘返。

《说好马桥故事　传承优秀文化基因》

马桥文化展示馆

马桥文化展示馆于 2018 年 10 月 11 日进行试运营，2019 年 4 月 1 日正式开馆，截至 11 月底共接待 12957 人，主题活动 10 次，参与人数 861 人。在马桥镇党委和政府的关心下，我馆日常运作经费由马桥镇政府全额拨款。针对展示馆的文化特色和工作特点，我们不断加强制度建设，进一步制定完善各项规章制度，并严抓制度的执行，形成了一切按规章制度办事，一切按操作流程的工作氛围。根据展示馆的特点，我们还制定了一系列各类突发事件应急预案，做好应急准备工作。在此基础上，不断加大员工培训，每月开展工作例会，以更好地管理展示馆日常营运，开展爱国主义教育活动。

《传徽派文化　承红色基因》

上海徽府

上海徽府每年都会接待来自不同学校的学生前来参观研学，了解徽派文化，接受红色教育，传承优秀传统文化。闵行区紫竹双语学校在上海徽府举行“关爱老兵，你我同行”活动，活动中孩子们与老兵见面，献上鲜花表达敬意，为老兵表演精彩的自创节目。孩子们与老兵们其乐融融，孩子们亲近英雄，学习英雄事迹。学生们在上海徽府考察徽文化社会活动中，参观古民居，欣赏中国传统文化——徽文化，了解丰富多彩的安徽风俗民情。学生们在抗美援朝韩德彩英雄纪念馆里听空战英雄韩德彩在抗美援朝战斗中的空中激战经历的精彩故事，在红军长征纪念馆里看红军长征展板，学生们深刻感受到今天的幸福生活来之不易，深切感受到革命先烈艰苦奋斗、无私奉献的伟大精神。

（二）馆（企）校协作，构建传统文化教育大格局

博物馆是保护和传承人类文明的重要殿堂，是连接过去、现在和

未来的重要桥梁。我们以核心素养为导向，把博物馆作为学校“第二课堂”的教育实践基地，聚焦博物馆、基地资源，最终通过系列化的活动，进行阶段性的成果展示，让同学们真正能走出课堂，在教育实践基地的活动中一次次地体验多彩的人生，让文物故事在新时代“活起来、亮起来、传起来，进一步激发孩子们对中华优秀传统文化的兴趣，培养更多的中华优秀传统文化的传承者、传播者、传扬者，共谱文化传承新篇章。

我们与有中华优秀传统文化教育资源的企事业单位、展馆基地开展教育合作，构建形成青少年研学实践教育基地，建立创新教育方式，协同育人。

每年闵行区教育确保 5 万元左右的经费，在寒暑假组织各类主题活动获奖学生 300 名左右到区域内外传统文化教育场馆，开展“我爱中华传统文化”“家国天下，研学达人——行走文化导航”系列研学活动。学生们到周慧珺书法艺术馆、公共艺术协同创新中心、良渚文化博物院、上海琮璞文化传播中心、文庙讲堂等地，在实践参与中对传统文化和社会主义核心价值观有了更丰富的感知。

（三）校际共享，实现教育资源的优化和辐射

通过邀请市区非遗联盟体参与区级活动，召开跨区域走访（见表 4-19）、区级研讨会、校级间课程交流、编辑成果集分享、建立网上电子课程资源包等各种形式，推动优质资源的流动辐射。

表 4-19　传统文化教育跨区域走访活动安排（以 2020 年为例）

活动时间	2020 年 10 月 9 日		
活动地点	上海市崇明区裕安中学		
活动内容			
听课观摩	**课　题**	**执教教师**	**执教地点**
	崇明山歌《十张台子》	梁　霄	晚读楼 3 楼音乐室 1
	崇明山歌《劳动号子》	秦国君	晴耕楼 4 楼阶梯教室
	崇明童谣《猫腻咪咪》	王艺潼	晚读楼 3 楼音乐室 2
	崇明童谣《小先生》	施旻一	晴耕楼 3 楼多媒体教室
学生活动展示	**项目名称**	**带队教师**	**活动地点**
	蟹壳脸谱	赵武斌	晚读楼 4 楼美术室 1
	鱼骨画	张艺璇	晚读楼 4 楼美术室 2
	空中花园	张义芳	晚读楼三楼音乐室 2
	瀛洲布韵	郭　瑜	岁读楼 4 楼教工活动 1
	布贴画	曹柳花	岁读楼 4 楼教工活动室
	土布香囊	陆佳妮	晚读楼 2 楼劳技室 1
	珠钿	王　琳	晚读楼 2 楼劳技室 2
	剪纸	王春梅	晴耕楼 4 楼临时活动区 1
	刺绣	马月明	晴耕楼 4 楼临时活动区 2
	盘扣	吴家培	晴耕楼 4 楼临时活动区 3
	皮影	顾　霖	晴耕楼 3 楼临时活动区 1
	古筝	杨岚冰	晴耕楼 4 楼古筝教室

续表

活动内容			
	展示社团	**负责老师**	**展示内容**
山歌表演	山歌娃娃艺术团汇演	朱胜欢 （山歌总领队） 陈　菊 （童谣总领队）	《崇明山歌名气大》 《对花调》《十张台子》 《十稀奇》《猫腻咪咪》 《纺纱谣》
主旨汇报	《海岛上飞翔的百灵鸟》	张　柳	晴耕楼 4 楼阶梯教室

六、在以评促建中培育中华优秀传统文化教育的“一校一品”，打造品牌

中华优秀传统文化博大精深、源远流长，是我们最深厚的文化软实力。闵行区教育局为贯彻落实中共中央办公厅、国务院办公厅印发的《关于实施中华优秀文化传承发展工程的意见》，数年来一直深入推进和深化区域对优秀传统文化的研究阐发、教育普及、保护传承、创新发展和传播交流等工作，在中华优秀传统文化教育“一校一品”实践中不断进行创新性探索。

在培育具有闵行特色的中华优秀传统文化教育品牌项目进程中，我们既坚持“一校一品”特色，又关注团队整体效应；既关注传统文化教育，又着力在非遗成果转化上形成特色，通过组织评选一批优秀校（基

地）、优秀项目、优秀学生、志愿者和家庭，带动区域内越来越多的学校加入到中华优秀传统文化教育的实践行列中，使越来越多的学生在学习和实践中增强民族自尊心、自信心和自豪感，弘扬以爱国主义为核心的民族精神和以改革创新为核心的时代精神，更好地传承与发展中华传统文化，逐渐形成学校示范、项目示范、师生示范和家庭示范的群体，整体提升了区域优秀传统文化教育水平线，也呈现了更丰富多样的实践形态。

（一）有规划，整体化推进显成效

目前，区内有 7 所学校是市级非遗传习基地，其中颛桥小学的《颛小鼓娃》、梅陇小学的《茶香诗韵》、明强小学的《灯影流光——七宝皮影进明强》等 10 所学校成为首批"中国系列"课程。区域内拥有文来中学（初中部）、君莲学校、文来实验、颛桥小学、明强小学、莘城学校等一批各具特色的传统文化教育优秀校，他们坚持以文化立校，以文化育人，都是有内涵有特色的"家门口的好学校"，正形成中华优秀传统文化学校示范、项目示范、师生示范、家庭示范"四位一体"的特色标杆。如七宝三中自 2011 年引入皮影戏以来，基于皮影的传统文化教育，通过丰富的课程为学生创设多元化的体验时空，开发射箭、吟诵、皮影、舞蹈、民乐、书法、合唱、葫芦丝等特色项目，构建传统文化育人系列课程。如莘城学校十多年来以"书法教育"为突破口，坚持把书法特色教育功能的定位从单一的写字技能训练提升为师生人品的塑造，推及学校的整体改革，学校成长为区域教育的优秀学校，老百姓"家门口的好学校"。

（二）重实践，关注持续性发展

近年来，区域层面从强化项目引领入手，研究、指导区域内各学校科学开展传统文化教育，及时总结特色建设先进学校的成功经验，推广成功做法、确定特色项目、开展特色活动、创立特色品牌，在区域层面建立起一套稳定的管理、操作和发展机制，推动实现项目建设与内涵发展并举，品牌建设与均衡发展共进，形成了“一所学校一张文化名片”的良好发展态势。如七宝二中的“文化探访”项目，以地方文化资源为载体，通过“地区文化资源”“传统节日”“特殊纪念日”“社会实践涌透性源教育”“亲子文化之旅”等项目，历经数年打磨形成学生自能发展的校本德育探究。如区青少年实践教育基地注重发挥场所优势，整合各方资源，开发釉上彩、中国结、十字绣、花卉栽培、丝绢花制作、皮影戏制作、中药香囊制作等 40 多项实践课程，让学生在动手实践中获得真实的体验。以下摘录区域内其他学校的实践案例：

《水墨闵行，创意莘松》

莘松学校

水墨画是中国传统的绘画形式，它值得弘扬、传承与发展。而莘松学校又地处闵行区，据考古发现，这里在 4000 多年前就有了陆地，留下了古文化的活动痕迹，形成了丰厚的历史文化，现在这里又有着发达的交通网络、繁茂的商业和优质的教育资源。因此，我们要把有特色的地域文化与优秀的传统水墨结合在一起，设计出符合学生学情、兴趣和生活环境的特色课程来，形成人文内容与艺术技能、闵行文化与传统水墨、传统文化与美术课程相结合的优秀课程。

《以陶为媒，匠心传承》

康城实验学校

上海师范大学康城实验学校自2004年建校以来，始终坚持“以民族化为根基、以个性化为特色、以国际化为追求”的办学方针，以“根植民族文化，高质量培养个性学生；立足国际视野，高标准塑造品牌学校”为办学目标，在学校教育中深化中华民族传统文化教育，拓展中华民族传统文化教育内涵。

同时，学校将艺体课程作为办学特色。其中陶艺课程作为学校最早起步发展的民族传统艺术课程，现已扎根于校园，延伸于校外，辐射于市区，成为学校的龙头校本课程。目前学校已成为上海市陶艺教育实验基地，拥有完备的陶艺教学设施。

（三）有载体，项目普及更广泛

在优秀项目培育中，各校联动家庭、社会资源积极建设课程，打造校园文化，让更多学生受益。如莘松小学依托“水墨闵行·创意莘松”课程的实践研究，形成“五步操作法”即“考察记录—梳理研究—感悟体验—展示交流—总结评价”体系；文馨学校以“中国传统舞蹈”为核心，编写《舞蹈》《口琴》校本教材，开设合唱、舞蹈、民乐、书画等社团，托起来沪务工随迁子女艺术梦想的翅膀；马桥实小以“中国象棋”为特色项目，建设校园内“中国象棋空间”，组建不同梯队的中国象棋队，在校园里形成了浓厚的中国象棋文化氛围；在“非遗进校园”展示活动中，文来实验发挥市非遗基地区龙头校作用，聚合区传统教育优秀校、上海市艺术协同中心、上海市非遗研习基地校等全市 70 多家单位展示 100 门非遗课程，辐射效应显著。

优秀项目的培育推动着优秀文化的创造性转化、创造性发展，提高师生们的思想觉悟、道德水平、文明素养，体现核心价值观教育的凝聚力和影响力。

（四）增趣味，让课程更生活化

如蔷薇小学的《基于信息技术的传统中医药文化启蒙课程的研发与实施》项目，抓住"纸质读本 +AR 虚拟"探索课堂交互新模式、"翻转课堂 +AR 交互"实现自主学习新模式、基于信息技术挖掘学生数据增大评价效益等几个关键环节，坚持做"有趣好玩的课程""孩子喜欢的课程"。以下摘录区域其他学校的实践案例：

《昆曲传承与弘扬》

闵行三中

闵行三中自 1995 年把昆曲教育引入学校以来，一直将其作为学校艺术教育的一个特色项目。在上海昆剧团的大力支持下，短短几年，为上海戏曲学校、北京戏曲学校、上海戏剧学院输送了一批优秀的昆曲演员；学校连续两届被评为"闵行区艺术教育特色学校"；在上海市的学生艺术节上多次荣获冠军殊荣，曾到宝岛台湾演出，赢得广泛好评。闵行三中的昆曲社团被共青团上海市委、上海市教委命名为"上海市中学生特色社团"。

《**弘扬中华优秀传统文化，传承中华传统项目**》

晶城中学

晶城中学自 2019 年 4 月起，通过“一课、一操、一团、一队”在校园推广五禽戏，是全国基础教育阶段首所推广五禽戏的学校；2019 年 9 月，我校被评为“教育部中华优秀传统文化五禽戏传承基地”传承学校。2020 年 10 月，我校五禽戏在《人民网》《新闻晨报》《东方教育时报》、新闻综合频道、学习强国、上海升学等官方网址、电视频道和报纸上频频被报道，在人民网上点击量超过 1000 万，在梅陇学区发挥了辐射作用。

《**墨香飘校园，文化润人心**》

明星学校

明星学校将书法教育作为国学经典教育的一个重要组成部分，把书法课程和学校文化进行有机融合，通过开展扎扎实实的书法教育教学、丰富多彩的实践活动，形成学校独特文化氛围。2011 年本校被评为“上海市书法实验学校”，2019 年通过复检成为新一轮上海市书法实验学校。

《**手工扎染**》

马桥文来学校

手工扎染是在马桥文来学校“让每个孩子都成为最好的自己”学生发展目标和“慧学习、慧生活、慧工作”教师发展目标的引领下开设的师生齐动手项目。项目由学校专职美术老师王慧倩开发，该教师师从上海师范大学王小音教授，学习扎染工艺近10年。王老师根据小学美术课程的设置，在二年级美术课中先渗透扎染，培养学生的初步兴趣，再将材料进行了一些创新之后，使手工扎染以一种更贴近小学生生活、更方便小学生制作的形式进入中高年级的拓展课堂，使之成为更适合小学生深入学习的民间传统工艺。同时，根据新学校青年教师占教师总数一半以上的校情，在校领导的支持和引导下将辐射范围扩大至学校青年教师，使青年教师们也能走近中华优秀传统艺术。让所有的参与者都能够在手工扎染这种“慢生活”中成为快乐的实践者和成功的体验者。

《中华武术》

华二初中

2012年10月校武术队成立，成为华二初中传统体育特色项目。以“弘扬中华武术，培育文武英才”为培育目标，遵循本校的办学理念，尽可能为学生的个性发展创造平台，为每一位学生提供更好的上升通道。2013年，我校与上海体育学院武术学院签约，成为武术教育改革实践基地；2014年，我校成为“首批全国学校体育（武术）项目联盟教育改革实践单位”之一。2015年，我校被评为“闵行区体育传统项目学校”，多次承办“华二杯”闵行区中小学职校武术比赛，获得组委会一致好评。目前，校武术队已逐步进入一个平稳发展状态。在校领导的大力支持下，我们体育组这支具有强大凝聚力的团队和年级组长班主任一起联动，确保了队员的梯队建设与选拔工作的有效开展。

《狮情传承美，悦意强恕人》

马桥强恕学校

马桥强恕学校是九年一贯制百年学校，秉承“强己恕人”的校训，注重历史文化的传承和发展。2007 年 4 月 10 日，马桥手狮舞被列入《闵行区首批非物质文化遗产名录》，6 月被列为“上海市首批非物质文化遗产”。2009 年 2 月，在马桥镇文化活动中心内的“马桥手狮舞艺堂”落成开放。2010 年，马桥手狮舞被列入《国家非物质文化遗产名录》。马桥是百年的文化历史发祥地，我校义不容辞地进行了本土文化的实践探索，以民俗民间艺术文化教育为切入口，注重中华传统文化的传承和发展。

《陶乐童年，艺美人生》

福山实验学校

学校近年来开展了“陶乐童年，艺美人生”的中华优秀传统文化传承项目建设，把中国雕塑艺术——陶艺这一优秀的传统文化教育系统融入课程与活动中，通过课程开发等环节，定期举行陶艺作品展示活动，开发孩子的智力，挖掘孩子的潜能，激励更多的学生期待在展柜能有自己的“一席之地”，在陶艺课程熏陶下，成为中华优秀传统文化的传承者。

（五）辐射广，发挥项目示范性

如康城学校的陶艺项目，数十年开展陶艺教学研究，形成了从小学一年级到初中九年级以超轻封土、陶泥、瓷泥、软陶为主的陶艺课程，承办六届闵行区小学美术教师陶艺技能沙龙，开展了两届学校教工陶艺沙龙，带领和指导更多的学校开展陶艺教育。如紫竹小学被评为“上海市书法实验学校”，在新闻媒体今日头条、第一教育、上海教育新闻网，国家期刊《基础教育参考》等媒体期刊报道，成为在百姓心中“亮起来”的优质学校。

深入研究闵行区域特色，挖掘中华优秀传统文化的宝贵教育资源，坚持学生本位，用乐学的方式让学生与中华优秀传统文化温暖相逢，有助于让学生在形式多样的活动中认知、尊重、传承并创新优秀传统文化，进而激发他们学习的潜能、增强他们的文化认同，探索形成具有区域特色的实施路径，全力做好中华优秀传统文化在闵行师生中的传承与创新。

第五章

成效与反思

近年来，闵行区教育局以“阅中华·悦成长”中华优秀传统文化教育品牌项目为基础，秉持系列化、知行合一、创新发展的原则，以“过好传统节日”“一份活动菜单”“三类课程落实”“两项评估推进”为主要途径，将中华优秀传统文化全方位融入思想道德教育、文化知识教育、艺术体育教育、劳动创新教育、社会实践教育等各个环节，在基础教育领域积极推进传统文化教育，进行长时间、全方位、多维度、有价值的探索和实践，引领青少年学生汲取中国智慧、弘扬中国精神、传播中国价值，坚定文化自信、增强文化自觉。同时，充分挖掘传统文化中“爱国情感、民族精神、诚信友善、爱岗敬业”等关键内容，将其作为开展社会主义核心价值观教育的重要载体，在互相交融中让优秀传统文化怡情育德，助力社会主义核心价值观落地生根、入脑入心，深入贯彻落实立德树人的根本任务。

一、实践成效

闵行区教育局以课题研究为引领，以中华优秀传统文化教育为切入，通过中华优秀传统文化教育项目“六进”工作，推动区内各校中华优秀传统文化教育的普及与提高，助力社会主义核心价值观落地生根、入脑入心，充分发挥育人功能。区教育局《依托中华优秀传统文化教育，培育社会主义核心价值观教育》被评为 2019 年上海市社会主义核心价值观落细、落小、落实优秀案例，区教育局的市级课题《“阅中华·悦成长”——区域中华优秀传统文化传承发展的实践研究》在 2021 年上海市学校德育“德尚”系列研究项目、教学专项结项评审中获得一等奖，区教育局汇编了五本中华优秀传统文化教育成果集，为进一步推进中小学中华优秀传统文化教育起到了示范、引领作用。2020 年 9 月，闵行区参与了第二轮国家义务教育质量监测德育状况监测，学生在中华优秀传统文化和国情常识的了解状况等方面取得了较好的成绩，《以“六进”为抓手，推进中华优秀传统文化教育落细落小落实》一文，于 2022 年 12 月发表于中国教育督导“质量监测引领国家义务教育高质量发展·德育篇”专栏，作为典型经验在全国辐射。

（一）区本工作机制落实，实践路径顶层设计

1. 基于调研找对策

在前期调查研究的基础上，课题组通过深入研讨确定了优秀传统文化教育区本德育体系建设重点，分别从目标、原则、内容和保障四个方面确定实施中华优秀传统文化教育的德育体系，出台《闵行区中小学中

华优秀传统文化教育指导意见》政策性、指导性文件，明确具体工作要求和时间节点。

2. 基于问题定路径

依据此文件，在前期实践的基础上，将闵行区中小学中华优秀传统文化育人的实践路径具体化，即从课程建设、活动开展、资源整合、项目推进、项目评价五个方面作为区本实践路径，予以设计与推进。

区本工作机制的建设和实践路径顶层设计的形成，为课题的实施与推进指明了方向，拓展了实践思路，为后续形成中华优秀传统文化教育的长效机制奠定了扎实的基础。

（二）育人功能得到体现，立德树人根本任务落地

以中华优秀传统文化作为育人育德的载体，是闵行区打造德育品牌的重要举措，也是落实立德树人根本任务的重要载体。

1. 广泛参与，社会主义核心价值观成为共同价值追求

通过本研究的实践，区内各校通过丰富的内容选材、多种多样的形式、多资源的实践载体，让学生浸润在中华优秀传统文化中，使得区域内的中小学生真正入脑入心地学习中华优秀传统文化，对自己的民族有了更加深刻的正确认识，形成正确的人生观、价值观和世界观，学生理解、接受、认同社会主义核心价值观所倡导的道德追求、价值理念和行为规范，养成符合社会角色期待的行为举止和自律意识，全面提升学生自身的认知水平、艺术素养和身体素质，能够将学到的知识与技能与现

代社会的发展紧密联系起来。这充分体现了中华优秀传统文化的育人功能与价值，将立德树人落到实处。

2. 家国情怀，植根于中华优秀文化的传承与发展中

中华文化源远流长，有着讲仁爱、重民本、守诚信、求大同的价值关怀，也有着身修而后家齐，家齐而后国治，国治而后天下平的巨细相通的实施路径，因此把优秀传统文化和价值观教育与学生生活世界联系起来，在细微之处见精神，让家国情怀有本有源。

在“君莲杯”传统文化活动中，我们每年聚焦一个主题编写一本读本，全区学生已系统学习了传统文化之“节日篇”“戏曲篇”“书画篇”“建筑篇”等内容。在第三届“戏曲篇”的专题学习和展演中，虹桥小学在《滑稽自有后来人》的学讲滑稽中认识“大世界”、了解“大上海”百年发展历程；在浦江一中的沪剧、君莲学校的京剧表演中，师生们精美的扮相、精彩的唱段展示出中国戏曲的艺术之美和精神之魅；汽轮小学设立中华“二十四节气”探索廊、“文化毅力石”、“民乐韵律坊”、“书画雅苑”、“经典诵读博学堂”等文化设施，让校园成为学生研习中华传统文化的小乐园。闵行小学架构“闵小七彩博览会”的少先队系列活动，形成了“元宵、端

午、清明，中秋”四大传统节日主题活动，以“学习演绎—体验感悟—实践探寻”等路径，将闵行的乡土文化作为育人活教材，引导学生学习传统节日的知识和习俗，培育爱祖国、爱家乡的情怀……丰厚的家乡文化、灿烂的传统艺术、匠人们的“工匠精神”无时无刻不感动着师生们，也激励着他们用行动响亮回应《关于培育和践行社会主义核心价值观的意见》中“要让优秀传统文化在新的时代条件下不断发扬光大”的时代召唤。

（三）创新实践路径，打开了区域优秀传统文化教育新局面

本项研究在已有成果的基础上，深入探索中华优秀传统文化教育的载体和实施途径，探索在全学校、全社区、全流程的保障机制下，通过深挖三类课程、开展主题活动、推行“一校一品”、推动家校共育、鼓励校外联动、实施以评促建等实践研究。

1. 课程建设扎实推进

在三类课程建设上，区内各校积极探索，呈现出更丰富的内容、更新颖的形式和更扎实的措施，促进传统文化教育的规范化和品质化。各校以“基础型课程”为主阵地，通过音乐课、

美术课、体育课，甚至信息技术课融入中华优秀传统文化的内容，从而提升学生的智育、美育、体育的全面发展；各校依托中华优秀传统文化丰富的表现形式和内容，开设了各类极具优秀传统文化代表又有个性化特质的“拓展型课程”；各校基于学校自身的资源和特点开设了培养学生自主能力的“研究型课程”，通过实地探访或亲身体验的方式，激发学生自主探究中华优秀传统文化的学习动力。

2. 实践主题形成教育品牌

在主题活动开展上，区内各学校充分利用班会课、主题教育课、队团教育、升旗仪式、节庆教育等载体，举办语言类、艺术类、影视类等各类大型比赛，加强中华优秀传统文化教育，通过丰富多彩的德育活动、校园文化活动，落实教育目标。数年来，闵行区教育局与区文明办、区文广局、上海教育报刊总社、上海书法家协会、艺术协同中心等单位联合开展各类主题活动，目前已成功开展 11 届“文来杯”经典吟诵、11 届“莘城杯”书法大赛、9 届“君莲杯”传统文化知识大赛和探访实践活动、2 届高中生辩论赛等系列主题活动，在各类活动中让优秀传统文化怡情养志，以美育德，落细、落小、落实核心价值观。

（四）整合教育资源，形成了家庭、学校、社会教育生态环境

面对深化教育综合改革的时代要求，面对办人民满意的优质教育的现实需求，面对培育一代新人的神圣使命，做好融合育人这篇大文章，成为新时期赋予闵行教育人义不容辞的历史使命。几年来，闵行区致力于打通学校、家庭、社会边界，促进学校内外、家校社资源的深度融合，通过整合教育资源，体现协同育人是一项重要的举措，也是本次实践的重点和亮点。

1. 校内外边界打通，家校合作育人模式有创新

通过“小手牵大手”“传统文化优秀家庭”的评选，形成点面结合、纵横相联、家校合作的融合育人局面。协同育人机制决定了不同教育实践主体在课程实践主体和在课程体系建设上有不同的方法与路径，同时，家庭、学校、社会课程的实施路径也存在交叉融合。所以我们既要发挥学校教育的优势，还要同步规划好家庭和社区教育课程，从而实现协同育人。区内各校积极联动校外资源，把家长请到课堂上，开展家长课程，家长进校园参与传统文化教育课程已成为制度，家校社协同育人课程让传统文化育人有了生长的土壤。

2. 系统内外边界打通，全社会协同育人机制在形成

根据设计主题教育和学生对活动需求，闵行区教育区围绕“爱国主义教育、民俗文化传承、文化实践体验”等主题命名了学生校外研学实践活动基地和体验场馆，自 2019 年起，还启动了实践基地、非遗场馆评选机制，有效地提升了各实践基地、非遗场馆的育人功能。区域各学

校或者带学生走出去，去其他学校参观学习，去展馆基地、企事业单位实地考察，充分利用区内各项中华优秀传统文化资源，形成良好的家校社教育生态环境，发挥家校社教育合力，使得区内中小学生深度浸润在中华优秀传统文化之中。

（五）实施以评促建，形成了区域优秀传统文化教育集群效应

区教育局在培育具有闵行特色的中华优秀传统文化教育品牌项目进程中，坚持“一校一品”特色创建评选，同时以中华优秀传统文化教育特色校、特色项目的申报，促进学校创新教育方法，提升教育实效。

1. 以评促建，填谷筑峰

通过“一校一品”项目的推进，从原有的对项目和学校的“两项评估”到增加了教师、学生和家庭三个层面的“五项评估”，课题孵化了一批中华优秀传统文化的名校、名课名师，推进了教师的专业发展，促进了学生的全面成长，学生和教师参加各类中华传统文化活动比赛展

示，课题研究、校本教材建设等方面硕果累累。有 8 所学校荣获全国中华优秀传统文化传承学校，7 个上海市非遗传习基地，2 所上海市“非遗在校园”，10 门“中国课程”，35 个优秀校和 135 个优秀项目，300 位传统文化技能小达人，200 位优秀指导教师和 100 个优秀家庭，区域内正逐步构建形成“一校一品”“一馆一活动”“一年一经典”的区本教育特色。通过传统文化教育“优秀校”“优秀项目”“优秀学生”“优秀家庭”“优秀指导老师”的申报和评选，形成中华优秀传统文化学校示范、项目示范、师生示范、家庭示范“四位一体”的特色标杆，不断推进项目整体性和持续性发展。

2. 百花齐放，彰显特色

在探索构建区域模式的基础上，我们鼓励各校利用好区域教育资源，抓细、抓小、抓融合，让传统文化教育更加生动、鲜活、有趣。全区中小学校，或结合学校发展特色，或融合学科教学，或利用德育活

动，或依托中华传统节日，或借助综合实践活动，或利用课堂阵地，或融合家校社资源，在中华传统文化教育实践方面取得了较好的成绩。“文来实验的皮影”“群益职校的盘扣”等成了市、区少儿文艺和群众文化的品牌项目。同时，花园学校的版画项目和区内10所小学形成的版面项目联盟，马桥强恕的手狮舞项目两次进入ATP网球大师赛内场展示表演，形成了闵行区传统文化教育的聚光灯效应。2017年和2018年，4位中学生走上央视“中国诗词大会”舞台，展示了闵行学子深厚的文化底蕴；在市第十六届古诗文大赛中，闵行以116人次获奖，七宝中学、文来中学团体第一的成绩遥遥领先。浦江一小的《龙文化的现代传承，民族魂的不断崛起》校本课程实施案例被评为“2018年全国中小学德育工作典型经验”等。各校各展其能，联动家庭、社会资源积极建设课程，打造校园文化，也提升闵行区中小学中华优秀传统文化教育的水平，形成区域优秀传统文化教育集群效应。

二、深化与反思

（一）中华优秀传统文化课程的校际共享机制和途径建设

闵行区教育局通过近十年系列化、主体化的课程、活动、资源等方面的建设践行着“文明进万家”的愿景，使得中华优秀传统文化教育在闵行区落地生根，但从实践的过程和成果来看，仍旧有一些问题尚需深入研究。

（二）闵行区中华优秀传统文化教育读本建设

中华优秀传统文化的学习离不开对中华优秀传统文化读本的学习。在本次课题实践中，优秀传统文化的读本教育隐含在课程建设之中，但并没有明确地将其作为实践路径。因此，在优秀传统文化教育读本这部分的建设是不全面的，缺乏深度挖掘的。坚持区本教育资源优势，编写富有闵行特色的中华优秀传统文化读本，可以在后续研究中进一步深入。

（三）学校中华优秀传统文化教育的长效机制

在“一校一品”的项目建设中虽然有多所学校获得了优秀项目、优秀校的荣誉，但是就如何持续保持各校现有中华优秀传统文化教育水平，并不断根据形势发展丰富教育内容和形式，形成各校中华优秀传统文化教育的长效机制，仍旧需要进一步思考。

结语

闵行区中小学中华优秀传统文化教育，贯彻落实了立德树人的根本任务，在区教育行政部门的大力推动下，在各校创新实施下，在区域内各教育资源单位及家长们的配合支持下，经过近年来的推广、提升，取得了显著的教育成效，形成了区域性中华优秀传统文化教育特色。

本项研究全面总结、评价了闵行区推行中华优秀传统文化教育的目标、路径、方法和成效，为深入贯彻习近平总书记对新时代学校思想政治工作的要求，贯彻落实《新时代爱国主义教育实施纲要》，巩固区本中华优秀传统文化教育特色，推进未来教育创新和中华优秀传统文化的传承发展，提供了重要的工作依据和实践经验。